Up to You《アップ・トゥ・ユー》
「よくばりに生きる」ための
キャリア戦略

クリスティン・エドマン

This book is dedicated to the center of my universe:
my beloved family - Jesper , Lukas and Noah.
Without you nothing would matter!

目次

Part 1

「ワーク・ライフ・インテグレーション」のすすめ 41

Part 3 みんなで「ワーク・ライフ・インテグレーション」を実現しよう

Part 4

キャリアの迷路から脱出するために

Part 5

〝Up to You〟

プロローグ

最初はベイビーステップで構わない

想像できなかった仕事と家庭の両立

●ワーキングマザーの日常

私は、スウェーデンの大手カジュアル衣料専門店、H&M(ヘネス・アンド・マウリッツ)の日本法人立ち上げに携わり、2008年から8年間、日本法人の社長を務めました。2017年6月からはフランス系ラグジュアリーブランド、LVMHファッション・グループ・ジャパン「ジバンシィ ジャパン」のプレジデント&CEOを務めています。

そして私は、「ワーキングマザー」でもあります。スウェーデン生まれの長男は12歳、日本生まれの次男は8歳になりました。朝はまさに「戦争」。大急ぎで子どものお弁当を作り、2人を起こして「早く着替えなさい」と追い立てながら学校に送り出します。夜はだいたい7時か8時に帰宅して、宿題を見たりお風呂に入れたりして寝かせます。その後、パソコンに向かって仕事をすることもあります。

今、こんな生活をしているとは、20代のころの私には想像がつきませんでした。子育てをしながら仕事を続けようという気持ちはまったくなく、将来は専業主婦になることに、何の疑問も持っていませんでした。楽しそうに働く父の姿を見ながら育ったので、ビジネスへの関心はありましたが、仕事と家庭を両立するなんて、私にはできるわけがないと思い込んでいたのです。

起業家の父、「家庭内副社長」の母

●身近にあったビジネスへの関心

私は、アメリカ人の父、日本人の母の間に生まれ、東京で育ちました。父は「ステラおばさんのクッキー」を展開するアントステラ社を創業した起業家。母は専業主婦でした。

父は家でもよく、仕事の話をしていました。食卓では、母や子どもたちを前に、今日仕事で起こったできごと、従業員やお客様とのやりとりを、楽しそうに話して聞かせてくれました。工場の冷凍庫が故障してしまったこと、お客様から届いた嬉しい感想のコメントについて。会社でいいことがあれば、家族で乾杯をして祝いました。もともとアメリカのクッキーはしっとりしていて柔らかいのですが、「日本はお煎餅の文化だから、柔らかいと湿気ているようで喜ばれない。だからステラおばさんのクッキーは、日本人向けにアレンジして、カリッと堅くしたんだ」という話も聞きました。

レストランに行くと、「このお店のウェイトレスの動きはとてもよかったね」とほめたり、「このお店は25席あるから、3回転くらいすると利益があがりそうだな」「もっとこうすれば、サービスの質が上がるだろうな」と分析してみせたり。いつも身の回りのことを、ビジネスの視点で見せてくれました。そんな環境で育ったので、私も自然に、ビジネスへの関心を持つようになりました。

母は主婦でしたが、「家庭内副社長」といった感じで、妻として父のビジネスを支えていました。日本の文化について、ビジネスについて、父はよく母に相談していましたし、父が日本語でスピーチをするときの文章は、ほとんど母が考えていたと思います。専業主婦とはいえ、経営者としての父にとって、母との強いパートナーシップは欠かせないものでした。

いずれ自分も、母のような専業主婦になるものだと思い込んでいました。単に仕事と家庭を両立することが、想像できなかったのです。周りに、ワーキングマザーがいなかったせいかもしれません。身近に長く仕事を続けている女性は少なく、唯一働き続けていた叔母は、結婚していませんでした。その後、大学を卒業してから最初に就職した会社の上司は女性でしたが、やはり結婚はしていませんでした。

その上、雑誌やテレビに登場するワーキングマザーは、自分とはかけはなれた、スーパーウーマンばかり。とても私には務まりそうには思えませんでした。キャリアは20代、30代以降は家庭。独身のうちは働くとしても、いずれ家庭か仕事のどちらかを選ばなくてはならない、そう思っていたのです。

アメリカ人の父と日本人の母、妹と弟（右端は著者）。

インターナショナルスクールから
アメリカの大学へ

●両親からもらった最大のプレゼント

小中高校は、東京のインターナショナルスクールで過ごしました。インターナショナルスクールで学んだことは、両親からもらった最大の贈り物です。大学よりも多くのことを学びました。特に以下の2つについて述べていきます。

1つは、可能性を信じてチャレンジすることです。学校では、関心を持ったことは、とにかく「やってみなさい」と、何でも挑戦してみることを奨励してくれました。サッカー、ディベート、演劇、スピーチ……。何か1つに絞るように言われたことは一度もありません。

いろいろなことに関心を持ちましたが、中でものめり込んだのは演劇です。家でも、2歳下の妹、8歳下の弟に指示をして、両親に劇を見せたりしていました。当時から、人前で話すことや、リーダーシップを取ることは好きだったようです。

2つ目は、ダイバーシティです。学校には、ありとあらゆる国の子どもや先生がいましたし、私のように、国の異なる両親を持つ「ハーフ」もたくさんいました。お昼のお弁当のメニューもさまざま。見た目も考え方も宗教も、みんな違っているのが当たり前です。「○○人だから」「ハーフだから」ではなく、一人ひとり、人間同士の関係として接することを、自然に学びました。

インターナショナルスクールを卒業して、アメリカ北西部にある小さな大学、ファイエット・カレッジに入りました。でも、正直言って、アメリカの文化にはあまりなじめませんでした。

日本育ちとはいえ、父はアメリカ人ですし、インターナショナルスクールにも行っていて、性格もオープン。比較的積極的だし、私は自分のことを、もっとアメリカ人寄りだと思っていました。でも、一歩日本の外に出てみると、いかに自分の中の「日本人」の部分が強いかを認識させられました。

例えば、大学では寮の2人部屋に住んでいたのですが、朝早くに授業があるとき、私は前の晩から着替えや持ち物を全部準備しておき、朝はルームメイトを起こさないよう、寒い廊下で着替えてそっと出ていくようにしていました。でも、ルームメイトの方は、早朝授業があっても私のことはお構いなしです。シャワーを浴びて、私が寝ている隣でブオーンとドライヤーを使い、どたばたと出かけて行きます。

授業や友達との会話でも、私はいつも自分の意見を言わず、周りの意見を聞こうとしてしまい、自然に遠慮していました。それまで意識もしたことがありませんでしたが、アメリカでは私は外国人だったのです。

「日本的な」働き方に染まる

●すべて自分で抱え込んでいた

大学を卒業するときには、英語と日本語ができる、アメリカ人と日本人のハーフであるというアドバンテージを活かして、まずは日本で経験を積むべきだろうと考えました。日本に帰国し、１９９７年にアメリカのおもちゃメーカー、マテルの日本支社に入りました。父がクッキーの会社を経営していたこともあって、人びとの生活に密着した消費財の会社がいいと思っていました。また、面接で出会った上司の女性がとても素敵だったので、「彼女のそばで働いてみたい」と思ったことも大きかったです。

外資系とはいえ、長く日本でビジネスを展開している会社で、仕事の進め方やオフィスの雰囲気はとても日本的でした。上司は、とてもエネルギッシュで前向きな女性で、彼女の下で、日本での仕事の進め方など、さまざまなことを学びました。

2000年には、父が経営するアントステラで、ECサイトを立ち上げることになり、その責任者として入社しました。直属の部下3人に加え、コールセンターの4人をまとめるマネージャーです。

今思えば、当時の私のリーダーシップのスタイルは徹底したトップダウンでした。指示と評価が中心で、「人を育てる」という観点は持っていなかったように思います。もともと完璧主義の性格もあって、すべての情報を自分で把握し、自分で判断しないと気が済みませんでした。後にスウェーデンで学んだリーダーシップのスタイルとはまったく違います。マテル時代もアントステラ時代も、独身だったために長時間労働もしていて、非常に「日本的な」働き方をしていました。

結婚、夫とともにスウェーデンへ

●チャンスは突然訪れる

夫は日本育ちのスウェーデン人です。出会ったのは、確か私が27歳くらいだったと思います。誰かの卒業祝いの食事会に出席したのですが、最初のポテトスープが、私の分だけ出てこなかったのです。そこで彼がキッチンに行き、「彼女のスープだけ出てないよ」と知らせてきてくれました。でも彼は私のところに戻って「君のスープ、もうすぐ来るよ」と言って、自分のスープを飲み始めました。「自分のスープを私にくれるのかと思ったのに」と今でも2人で笑いの種にしています。

当時夫は、東京の金融機関で働いていましたが、仕事を辞めてスウェーデンの大学院に行くことに。それで結婚し、一緒にスウェーデンに行くことになりました。

アントステラでの仕事はおもしろかったですし、父はいつも私のことを「私の一番上の息子」と呼んでいて、もしかしたら将来、会社を継がせてもいいと思っていたかもしれません。しかし、ヨーロッパへのあこがれがあって、いつか住んでみたいと思っていましたし、もっとほかの世界を見たいという思いがありました。スウェーデンに行くことに、ほとんど躊躇はありませんでした。

スウェーデンに行ってみると、私くらいの年代の女性はみんな働いていて、友達もできません。働こうと、いろいろな会社に履歴書を送ってみましたが、なかなかうまくいきませんでした。日本語も英語も話せるし、ビジネスの経験もあるので、仕事はすぐに決まるだろうと思っていたのですが、どこからも「この仕事をしてもらうには、あなたは能力が高すぎます」といった理由を付けて断られていました。

ちなみに1社だけ、1次面接をクリアした会社があるのですが、その面接では私は高熱を出していてぼーっとしていました。いつものように、「私にはこんなことができます。こんなふうに貢献できます」と自信を持って自分を語るような、アメリカ人風の積極性を出せなかったのです。面接に受かったのはそのせいだったのかもしれません。スウェーデンでは、アメリカ人の自分より、日本人の自分を出す方が、うまくいくのかもしれない、とその時思いました。しかしその会社は結局、次の面接で落ちてしまいました。

「日本にH&Mを開きたい」という新聞記事が運命を変えた

●チャンスは身近に潜んでいる

私はストックホルム商科大学で、英語による国際MBAプログラムが新しく開設されることを知り、そこで学ぶことにしました。

ここでの経験は非常に刺激的でした。学生はみな、各国で働いた経験を持つ意欲的なビジネスパーソンです。アジアからの留学生は少なかったのですが、ヨーロッパ各国からはもちろん、アメリカ、インドなど、さまざまな国から来ていました。

授業では、それぞれが自分の働いていたときの経験から事例を挙げて、共有しながらディスカッションをします。

しかし私はここでも、非常に「日本人」でした。「自分の意見を言うよりも、まず人の話を聞く」というのが体に染みついていたようです。よく先生に、「なぜもっと発言しないの？　なぜもっと日本の事例をみんなと共有してくれないの？」と言われていました。

しばらくすると環境にも慣れ、私も積極的に発言するようになりました。30人ほどのクラスでしたが、代表に選ばれてまとめ役をやったりもしました。

２００５年８月に、国際ＭＢＡプログラムを修了しました。設立されたばかりの国際ＭＢＡプログラムの、初めての卒業生ということで、修了前の私たちの授業に、地元の新聞社が取材に来ました。全員が将来の夢を語ったのですが、私は「日本にＨ＆Ｍの店舗を開きたい」と話しました。当時Ｈ＆Ｍは、ヨーロッパやアメリカで人気を集めていましたが、日本を含めたアジアには店舗がなかったのです。

スウェーデンに住んでいると、Ｈ＆Ｍはとても身近な存在です。リーズナブルでおしゃれ。いつ行っても新しい商品があり、メンズ、レディース、子ども服、タオルやシーツまで、何でも揃います。「こんなお店が日本にもあったらいいのに」と、いつも思っていました。さらに、ＭＢＡの授業でリサーチをしてわかったのですが、製造や流通過程にも責任を持ち、生産現場の労働慣行改善や環境保護にも力を入れています。大量消費型産業の典型として挙げられることの多いファストファッションでありながら、ただ「売って終わり」というだけではない、Ｈ＆Ｍの企業文化にも魅力を感じていました。

そんな背景もあったのですが、この時はおそらく私の「アメリカ人」の部分が前面に出て、大きな夢を語ることができたのでしょう。

私の「日本にＨ＆Ｍの店舗を開きたい」という言葉は新聞に載りました。それが私のその後の運命を変えました。この記事を見たＨ＆Ｍの会長が、人事担当者に私を面接するよう指示したのです。面接を経て、私はＨ＆Ｍに入社することになりました。

ただこの時は、将来アジアに展開する計画があるとは聞いていましたが、日本に進出するとはまったく聞かされていませんでした。「日本にH＆Mを」という夢は、確かに入社のきっかけにはなりましたが、まさかそれが実現するとは思ってもみなかったのです。

スウェーデンの本社で研修を受けた後、店舗に配属されました。初めての販売の仕事です。先はまったく見えません。「このままずっと、店舗にいることになるのかな」と思い始めていたころに、妊娠がわかりました。

生まれたばかりの長男と、一家で香港へ

〝わくわく〟に身を任せる

長男のルーカスを妊娠中、確か出産する少し前だったと思います。カフェで食事をしているときに、会社から電話がかかってきました。「香港にアジア1号店を出すから、エリアマネージャーとして行ってくれないか」――。臨月の私に、というのも驚きですし、アパレル業界の経験もマネジメント経験も浅い28歳。普通なら、というか、日本ならありえない話です。

とにかくすぐに夫と相談して、一緒に香港に行くことを決めました。不安はたく

さんありましたが、今思えばタイミングもよかったと思います。夫は大学院の博士課程にいましたが、博士論文はどこにいても書けます。不安だらけでしたが、「行ってみたい！　挑戦してみたい」という思いが勝っていました。

２００７年２月、香港の空港に着き、生まれたばかりのルーカスを抱いて乗ったタクシーから見た車窓の風景は、今もよく覚えています。窓際に街の活気を感じて、私もわくわくしていました。「正しい選択をした」と確信しました。

29歳でH&M日本進出を託される

●まずは飛び込んでみよう

しばらくは、日本から母に来てもらい、現地でナニーを雇って、交代でルーカスを見てもらいながら、香港の店舗立ち上げに奔走しました。

日本進出に向けた事前調査にも、関わるようになりました。本社の、店舗開発や人事、経理担当者が日本で調査を行う際、私も日本に同行し、案内や通訳をしたりしていました。

香港に行ってから、まだ1年経たないころ、2007年のことだと思います。その時も本社の担当者に同行して、東京を訪れていました。表参道のレストランで食事をしているとき、話題が何気なく将来の話になりました。すると人事担当者から「日本でH&Mを立ち上げるときに、日本支社長になってくれないか」と言われたのです。

いずれ日本でH&Mがオープンする際は、私も何らかの形で関わることになるだろうとは思っていましたが、社長は日本でアパレル業界の経験を持つ人が就くものだと思い込んでいました。すっかりびっくりしてしまって、「私はまだ経験が浅いし、若すぎるし……」と、もごもご言ったように思います。それで、「ちょっとお手洗いに……」と席を立って、トイレで夫に電話をしました。「どうしよう！　こんなこと言われちゃった！」と興奮して話す私に夫は「とにかく落ち着いて。で、君はやってみたいの？」。「もちろん！」と私。「じゃあ、イエスと答えるしかないんじゃない？」。それで決まりました。

自信がないのが半分、興奮しているのが半分です。人事担当者には正直に、自信がないことも伝えました。すると「ちゃんとサポートするから」と言ってくれました。

もし今、同じことを言われたら、受けるかどうかもっと迷うと思います。この仕事がどれだけ大変か、わかっていますから。でも、新しいことにチャレンジするときには、あの時のようにあまり悩まず、勢いで飛び込んでしまう方がよいこともあるのです。

それに、H&Mの人たちが、まったく経験のない私の可能性を信じて、チャンスを与えてくれたことが、私の自信にもなりました。「あの人たちが私を見て、できると信じてくれているんだから、もしかしたら本当にできるのかもしれない」。

「イエス」と答えたあの瞬間から、その選択は一度も後悔していません。

私が学んだ、「これまでと違うやり方」

●もっと「欲張り」でいい

約束通り、本社は経験の浅い私をしっかりとサポートしてくれました。経験豊富なＣＦＯとともに、２人で日本事業の立ち上げを進めることになりました。

それまでの私は、「リーダーはすべてを把握して、すべてを決めなくてはならない」と思っていましたが、Ｈ＆Ｍでは、リーダーがすべてを把握して差配する必要はないという考え方です。わからないことは、わかる人に聞けばいい。わかる人が社内にいなければ、探して採用すればいい。

H&Mで私は、仕事の進め方、リーダーのあり方、時間の使い方、すべてについて、それまで「これしかない」と思っていたやり方に「違うやり方」が存在することを知りました。だからこそ、仕事か家庭か選ばなくてはならないと思っていた私が、働く母になれた。特別な才能がないとできない、責任が重い、長時間労働が求められてワーク・ライフ・バランスが取れない、だからやりたくないと思っていたリーダーにもなれた。だからこそ私は、その「違うやり方」を、もっと多くの人に知ってほしいのです。

特に女性は、これまで私がそうだったように、1つを選べば1つをあきらめなければならないことが、たくさんありました。でも、「そのやり方」ではなく「違うやり方」をすれば、あきらめる必要はなくなります。女性はもっと欲張りになっていい。そしてその「違うやり方」は、あなたにもできるのです。

Part 1

「ワーク・ライフ・インテグレーション」のすすめ

変わり続ける日本の働き方

●「どちらか」しか選べない時代は終わった

ここ数年で、日本は随分変わったように思います。「イクメン」という言葉もすっかり定着しましたし、「長時間労働は良くない」という考え方も、ようやく広がりつつあります。就職や転職するときには、「ワーク・ライフ・バランスが取りやすい職場か?」を問うのも、当たり前のことになってきています。

ワーク・ライフ・バランスは、ワーク（仕事やキャリア）とライフ（自分の人生・生活、プライベート、家庭）のバランスを指すわけですが、今思えば、かつての私は「刺激的なキャリアと幸せな家庭生活のバランスなんて、取れない。取れるはずがない」

と考えていました。「バランスなんて取れるわけがないから、どちらかをあきらめなくてはならない」というわけです。

完璧主義の私にとって、ワークとライフのバランスを取るというのは、「どちらも中途半端」を意味していました。仕事も家庭も手を抜くなんて、自分で自分が許せません。日本人は完璧主義な人が多いですから、同じような考え方で、どちらかをあきらめている女性は、ほかにもたくさんいるのではないでしょうか。

プライベートと仕事の境目があいまいなスウェーデン

●男性も女性も働くのが当たり前

そんな私の考え方をがらりと変えたのは、スウェーデンでの生活でした。スウェーデンは税金がとても高く、妻も夫も働かざるをえません。専業主婦は2％しかいないという調査結果もあります。H＆Mの場合も、社員の76％、管理職の72％が女性です。結婚している女性、子どものいる女性も、仕事をバリバリこなし、成果を上げています。保育や介護の制度や設備が整っていることも大きいですが、何よりも「仕事と家庭」に対する考え方が根本的に違うことが大きかったように思います。

中でも、誰もが仕事と家庭を、別々のものとして考えていないことには驚きました。

H&Mに入社し、最初にスウェーデンの本社でマネジメント研修を受け始めた日のことは、今でもよく覚えています。

デスクで資料を読んでいた私の隣で、私の教育係になっていた社員が電話をかけ始めました。休暇中の家族旅行の航空券の手配をしているのです。それから続けて、子どもの歯医者の予約の電話も。私は、びっくりして辺りを見回しましたが、誰も気にしている様子はありません。「こんなプライベートな電話を、職場の真ん中で堂々とするなんて。社会人としてのマナーに欠けるのでは?」と、思いました。日本だったらこうした電話は、廊下に出て隅っこで小声でこっそり……というのが当たり前ですよね?

さらにまたある時は、上司から「明日の会議は、娘のピアノの発表会があるから午後3時までに終わらせてね」というメールが。そんな連絡をする上司にもびっくりしましたが、文句も言わずに会議の時間を変更する周りの人たちにもびっくりしました。

こうしたエピソードがあるたび、家に帰って夫に、「ちょっと聞いてよ！　こんなことがあったのよ。信じられない！」と、なかばあきれながら報告していました。日本でも、仕事中に「子どもが熱を出した」という連絡が入れば、何とかやりくりして仕事を中断し、保育園に迎えに行くことはあると思いますが、「本当にごめんなさい」と何度も頭を下げながら、小さくなって退社するでしょう。スウェーデンでは、子どものピアノの発表会で会議の時間を変更するくらいですから、子どもの病気で退社する際にも、周りの人に何度も謝り肩身の狭い思いをしながら、ということはありえません。「打ち合わせに出かけてきます」とでもいうように、当たり前の様子で職場を出て行きます。

子どもがいない人も、仕事とプライベートの境界線は、日本ほどはっきりしていません。夕方、ジムに行って体を動かした後、再び職場に戻ってきて仕事をする人もいました。いったん帰宅し、子どもを寝かしつけてから仕事をするという人もいます。一事が万事、私が日本で親しんできた「仕事は仕事、プライベートはプライベート」と、しっかり分ける働き方とは、まったく違っていたのです。

「ワーク・ライフ『バランス』」ではなく、「ワーク・ライフ『インテグレーション』」

●仕事の会話に「家族」を入れる

1日は誰にも平等に24時間しかありません。だからといって、100%を会社に捧げるわけでも、常にプライベートを優先して仕事をないがしろにするわけでもありません。スウェーデンでは、両方をインテグレート（統合）し、自分にとって一番心地よく、効率よく取り組める方法でやればいい、という考え方が根底にあります。

そもそも人間というのは、「ここまでが仕事」「ここまでがプライベート」と割り切れるほど、理性的な生き物ではありません。ワークはライフであり、ライフはワークであることもある。オフィスでも、プライベートのことを考えることはあるし、家でも仕事のことを考えることはあります。2つを切り離したものと見て、バランスを取ろうとするから難しいのだということに思い当たりました。

バランスを取ることを考えるのではなく、2つを一緒にしてしまえばいい。「ワーク・ライフ『バランス』ではなく、ワーク・ライフ『インテグレーション』を目指せばいいんだ」。スウェーデンではそれを学びました。

社員の誰もが、仕事とプライベートを融合していますから、お互いがお互いのプライベートについて配慮するのも当たり前の雰囲気がありました。結婚や妊娠なども、みんなでお祝いします。私が日本法人の社長になってからも、本社のＣＥＯからの電話は、必ず「家族のみんなは元気？　子どもたちはどうしてる？」という話題から始まります。ＣＥＯは、夫が大学院で博士号を取ったときには、大きな花束を贈ってくれました。本社から役員たちが日本に出張してくるときには、私の子どもたちがまだ小さいのを気遣って、「今日は夕食のアテンドはいいから、早く家に帰ったら」とさりげなく早く解放してくれていました。

思い返してみると、子どものころ、夕食の食卓で仕事のことを話してくれた父は、まさに「ワーク・ライフ・インテグレーション」を体現していました。家庭で仕事の話をしてくれただけでなく、家族に商品についてのアイデアを求めることもありました。仕事人としての父と、家庭人としての父の境目は、娘の私にはほとんどないように見えていました。

「理想の形」なんてない

●家族にとっての「ハッピー」を考える

日本ではどうしても「自分がどうしたいか」「自分にとって何が一番良いか」よりも、「この場で私に求められているのはどんな姿か」「正解とされるのは何か」を求めてしまう傾向があるように思います。私もよく、ワーク・ライフ・バランスについて取材を受けたり、講演を求められたりしますが、みなさん「ワーク・ライフ・バランスの、あるべき姿は何か」「どうしたら実現できるのか」を聞きたがります。

でも私は、そもそもバランスなんて取れないし、「あるべき姿」「理想の形」なんてないと思うのです。仕事とプライベートや家庭の組み合わせ方の形は、家族によって、個人によって違います。なぜなら、人によって、家庭によって、優先順位は異なるからです。最終的に、自分自身の中で「調和が取れている」と感じられればいいのです。

夫婦の間で優先順位が異なることもあるでしょう。例えば我が家の場合は、夫にとって、子どもの運動会に行くことはとても重要ですが、私にとってはそれほどでもありません。運動会では、子どもが出る競技が終わると、仕事のメールをすることもあります。「今日は仕事は休みなんだから、100%子どもに意識を向けなくては」と思うことはしません。一方で私にとっては、学校の行事よりも、サッカーなどの課外活動に付き添うことの方が重要です。これくらいの優先順位の違いならいいですが、子どもの教育方針や、家族での休暇の過ごし方などは、夫婦で考え方が違うと大変です。我が家では、夫婦でたくさん話し合い、「我が家にとって、どんな状態だと、みんながハッピーでいられるか」を考えるようにしています。

いつも私を支えてくれる家族

罪悪感を持たないで

●大切なのは「やらない」ことを決めること

スウェーデンの生活で、仕事とプライベートの垣根を意識せず、両方を混ぜ合わせて統合してしまう「ワーク・ライフ・インテグレーション」を学んだ私ですが、現実の生活では悩むことばかりでした（今もそうです）。

完璧主義の性格は、なかなか変わるものではなく、仕事でも100％、家庭でも100％を、どうしても目指そうとしてしまいます。でも、1日が48時間に増えるはずもありません。子どもが生まれ、ワーキングマザーになってからの私は、「完璧を目指さない。優先順位を決めて、何を『やらない』かを決める」修業の日々でした。

特に、家庭の中で「やらないこと」を決めるのは、本当に苦しかったです。「子どもたちにとって、母親は私しかいないのだから」と思うと、やりたいことはどんどん増えるばかりです。自分で高いハードルを設定しては、そこに到達できずに落ち込みイライラすることの繰り返しでした。

今になって振り返ると、実は、子どもたち自身は、母親の私が満足できるレベルのことをやれているかどうかは、そんなに気にしていなかったと思います。私が手の込んだ食事を用意していなくても、ちゃんと食事がありさえすればいい。私がイライラしながら凝った食事を用意するよりも、笑顔で食卓について一緒に話ができればよいわけです。でも、私自身が罪悪感からなかなか逃れられませんでした。

例えば最初のうちは、朝4時に起きて、子どもたちのお弁当を手作りしていました。しかしそうすると、寝不足で疲れが溜まり、イライラして子どもたちにも怒ることが増えてしまいます。私自身が「お弁当は、栄養のバランスをしっかり考えて、見た目もきれいなものを、お母さんが手作りすべき」という呪縛から逃れられなかったのです。結局夫とも相談し、お弁当はもっと簡単にすることにしました。最低限、野菜と果物は入れますが、手早く簡単にできるものばかりです。サンドイッチや、おにぎりにソーセージと果物、といったシンプルなものにしています。

ただ、やめるときには自信を持って決め、子どもに対して罪悪感を持たないよう、少なくともそうした態度を出さないようにしました。

子どもはどんどん大きくなりますから、子どもの年齢によってもその判断は変わっていきます。子どもが保育園や学校で体調を崩したときなどの緊急連絡先を、私の携帯電話から夫の番号に変えたときのことは、今もよく覚えています。いくら普段は忙しくても、子どもが病気のときくらいは、私が病院に連れて行きたかった。でも、私は出張が多く、必ずしも電話を受けたとき、すぐに子どもを迎えに行けるところにいるわけではありません。泣く泣く夫に任せることにしました。

子どもの宿題も、当初は「私が見てやらないといけない」と思って頑張っていました。でも、そうするとどうしても、勉強を見るのは夜になります。子どもも私も疲れていてイライラ。怒ってばかりで大げんかになります。上の息子が小学校4年生くらいのことですが、ある時「ママ、なんでそんなにいつも怒ってるの？　笑ってよ」と言われてはっとしました。このままではいけないと思い、これも夫と相談した末に、家庭教師を探して勉強を任せることにしました。すると子どもとの関係にも余裕ができました。

私自身が「こうありたい」と思う理想のレベルと、子どもたちがハッピーでいられるというレベルは、おそらく違うのです。絶対に譲れないものは何か、優先順位を決めるのは本当に難しい。自分が思う理想のレベルは、どうしても必要以上に高くなってしまいます。全部譲りたくない、すべて自分でやりたいと思ってしまいますが、自分の達成感や満足感は後回しにしなくてはなりません。一つひとつ、立ち止まって考え、「本当に私がやるべきなのか？　手放したらどうなのか？」を見極めなくてはなりませんでした。

夫も私も働いていて忙しいし、子どもも学校や課外活動、勉強で忙しい。一緒にいられる限られた時間なのに、イライラしてけんかしてしまうのは本当にもったいない。こうした大事な家族の時間を、できるだけ笑顔で過ごすためにはどうすればいいか。そしてそれは決して「手抜き」ではないし、「親として失格」ではないのです。私自身もそれを自分に、なかば言い聞かせながらやってきました。

いかに「手放す」か

●自分のやり方は「絶対」ではない

完璧主義を貫き、罪悪感の呪縛があるままだと、ワーク・ライフ・インテグレーションは不可能です。それに、家庭は家族みんなで協力して回していくものなのに、私が家事や育児を抱え込んでしまうと、夫にも子どもにも良くないということに、ある時気付きました。

我が家では毎年、夏休みはスウェーデンにいる夫の両親、子どもにとってはおじいちゃん、おばあちゃんの家で過ごすことにしていました。ただ、長男が6歳、次男が3歳のとき、私の夏休みのタイミングがどうしても合わず、夫と子どもの3人だけでスウェーデンに行くことになりました。夫は「心配しなくても大丈夫だよ」と言うのですが、私は心配でたまりません。2週間分の子どもたちの洋服を、「最初はこれとこれを着て……」と、それぞれ組み合わせまで考えてびっしりとスーツケースに詰め込んで送り出しました。

2週間の滞在を終えて、空港に迎えに行ったときの子どもたちは、洋服の組み合わせはちぐはぐ。スーツケースの中には、結局全然着ていないままの洋服だらけ。でも、とても楽しい夏休みを過ごしたことが、満面の笑みににじみ出ていました。「私のやり方」でなくても、子どもたちはハッピーに過ごせるのです。

出張に出かけるときにも、最初は私がいない間の日数分の食事をすべて準備してから出かけていました。でも、それもやめました。時にはパパと子どもで、一緒に料理をしたっていいし、宅配ピザを利用してピザパーティーをしたっていい。

家の中で、私のやり方が絶対ではないのです。子どもにとっても、ママのやり方が絶対ではない、世の中にはいろんな大人がいて、やり方はいろいろあるのだということを知った方がよいはずです。

私のやり方が絶対に正しいわけではない。「えーっ！ そんなやり方をするの⁉」と思っても、片目をつぶって見ないふりをして、一歩離れて口を出さない。そうしないと、夫も子どもも、萎縮してしまいます。

子どもたちが赤ちゃんのころを振り返ると、私は夫の抱っこの仕方やお風呂の入れ方が気になって、いちいち注意していました。それでは夫も自信をなくしてしまうし、「じゃあ君がやれば」となってしまい、自分がますます大変になります。

仕事では、「仕事を任せ、人を育てよう」と言っているのに、家庭ではなかなかそれができないものです。食事の準備も掃除や洗濯も、夫だけでなく、できるだけ子どもにも手伝ってもらい、自立してもらった方が、お互いにとってプラスになります。

「こんなふうにやって」と指示をされるよりも、対等なパートナーとして頻繁に相談しながら分担して進める方が、やる気が出て楽しく進められるのは、仕事と同じ。100％の完璧を求めないことに加え、抱え込まず、お互いの強みを活かして協力するというやり方に、徐々に変えていきました。

最近は、子どもの学校・習い事などの送り迎え、病院などは夫が担当しています。私は、お弁当作りと、食材や子どもの買い物、習い事や外出などの計画管理です。夫の方が時間の融通が利くことと、プランニングは私の方が得意なので、自然にこうした分担になりました。

夫の方が、夕方家にいられることが多いので、料理は夫がすることの方が多いです。ただ、買い物をするのは私なので、「今日は生姜焼き、明日はパスタ」など、一週間分の食材を買うときに、私がだいたいのメニューを決めておきます。

子どものお風呂や洗濯、掃除は夫婦半々くらいでしょうか。

買い物は私がすることが多いのですが、例えば食材は1週間分、計画を立ててまとめてインターネットで注文してしまいます。これなら、海外出張中でも移動の合間などにできますから。子どもの洋服や靴、学用品なども同様です。「家にいなくてもできる家事」は意外とたくさんあります。本当に便利な時代になりました。

「片目をつぶって」任せてしまう

●家族で優先順位を決めよう

私はよく、若い女性から、「私も結婚したり子どもを産んだりした後も仕事を続けたいのですが、それにはパートナーの協力が必要ですよね。どうしたらいいのでしょうか?」といった質問をされます。残念ながら、何ら目新しいアドバイスはできません。

夫は大学で教えているので、一般的な会社員よりも働き方に柔軟性があります。さらに、スウェーデンでの生活を経験していますから、ワーク・ライフ・インテグレーションについても理解があるのは、私にとっても非常に幸運と言えます。それでも、ワーク・ライフ・インテグレーションは簡単なことではありませんし、パートナーの協力を得るうえで、たくさんの努力をしてきました。重要なこととして、2つ思い浮かびます。

まずは、コミュニケーションです。先ほどもお話しした通り、ワーク・ライフ・インテグレーションのカギは、（特に私にとっては）完璧主義をやめ、優先順位を決めてやるべきことを絞り込むことです。その優先順位は、家族で決めなくてはならないこともたくさんあります。私が朝4時に起きて子どものお弁当を作るべきか、子どもの宿題を毎日見るべきか、子どもの緊急連絡先は誰にすべきか。どれも私一人では決められません。お互いの仕事の状況、気持ち、子どもたちの状況などを話して、一つひとつ決めていくしかありません。

「押さえるべきポイント」を見極めよう

●家庭も仕事もマネジメントは似ている

少し話はそれますが、私は毎日、よく夫と話します。子どものことや家のことはもちろんですが、仕事のことも。その点は、よく仕事のことも母に相談していた、父と似ているかもしれません。父にとって母がそうだったように、私にとっての夫は、家庭内ビジネスパートナーです。

キャリアでさまざまな転機が訪れるたび、真っ先に夫に話しています。私のキャリアではありますが、それは家庭全体にも大きく影響します。自分一人で決めることはしません。夫は、私がやりたいことに反対することはほとんどなく、それを実現するためにどうすればいいかを、一緒に考えてくれます。私が躊躇したり迷ったりしているときには、「本当にそれが君のやりたいことなの?」「やってみたいと思うの?」と、質問を投げかけてくれます。結局決めるのは私なのですが、私の鏡になってくれているのです。

パートナーの協力を得る2つ目のポイントは、片目をつぶって任せてしまうことだと思います。「片目をつぶって」というのはつまり、私が考える「こうすべき」という形でなくても、よしとするということです。子どもに着せた洋服の組み合わせがちぐはぐでも、よしとする。大事なのは、「(できれば気候に合った)洋服を着せること」であって、ほかのことには目をつぶるというわけです。

このあたりは、仕事の進め方と同じです。100%完璧を求めるのではなく、必ず押さえるべき重要なところを押さえているかどうかが大切です。おそらく夫の方も、私のことを、片目をつぶって見てくれているところが、たくさんあると思いますが。

家庭のマネジメントも、仕事のマネジメントも、よく似ています。コミュニケーションが重要なこと、誰かに指示ばかりされていると、やる気が生まれないこと、任せることが大事であること。特に家庭では、夫も妻も、そして子どもも、対等なパートナーです。

誰か一人がすべてを決めてしまったり、指図したりするようなことがあっては、回りません。家庭も会社も、自分一人ではなく、ほかの人と一緒に完成させなくてはならないのです。

Part
2

H&Mで見つけた、
仕事と人生の「ムダをなくす」技術

まずは自分を変えてみる

●変化の時代に100点はいらない

仕事できちんと成果を出しつつ、自分も家族もハッピーな状態をキープする「ワーク・ライフ・インテグレーション」を実現するうえでの一番の壁は、私の頭の中にありました。

以前の私は、仕事で成果を出すためには、すべてを自分で把握し、細かくコントロールすることが必要だと思っていました。

しかしすべてをコントロールしようとすると、どうしても細部が気になり、完璧を目指そうとしてしまいます。

壁を超えるためには、「完璧を目指そうとする」という、私自身の考えを変えなくてはなりませんでした。

「100点満点」のラインは、自分の頭の中にしかない

●自分の理想と相手の理想は異なる

みなさんにも身に覚えがあるかもしれません。例えば、四半期の売り上げを上司に報告する場合、パワーポイントで資料を作り始めると、市場環境や売り上げの推移を、美しいグラフや図表で表現したくなってしまいます。フォントのサイズや色などにも凝り始めて、あっという間に数十ページもの資料になってしまいます。

でも、本当は上司への報告であれば、そんな資料がなくても、今四半期の売上高の合計と、せいぜいざっくりした部門別の数字、増減の理由、対策を口頭で話せば、

ものの2、3分で済みます。自分が考える「完璧な売上報告」と、相手が求める売上報告の姿は、実はまったく違っているかもしれないのです。

一見仕事とはかけはなれたシチュエーションに見えますが、子どもの洋服の準備でも同じことが起きています。天気予報を見て、翌日の気候に合わせた服を、コーディネートも考えながら前の晩に用意し、子どもの枕元に置いておく。でも実際は朝になると、お気に入りのヨレヨレのTシャツとスウェットのズボンじゃないと、学校に行きたくないと言う（しかもこのTシャツを着るのは今週3回目……）。

「気候に合った、おしゃれな洋服」という、私の中の100点満点ラインは、「洗濯してあって清潔だし、（目立つところには）穴が開いていないからよしとするか」というラインまでぐっと下げることになります。

子どもにとっては、心地よい服でありさえすればいい。売上報告を受ける相手にとっては、知りたいことがわかりさえすればいい。結局、「100点満点」は、私の頭の中にしかないのです。

「80―20」でいこう

●何事もシンプルに考える

先ほどの売上報告の例で言うと、本来であればまず、「相手はどのレベルの報告を求めているのか」について、意識合わせをするべきでしょう。自分は2、3分の口頭説明で十分だと思っていても、報告を受ける上司の方は、「わかりやすいスライド20ページの資料がほしい」と思っている可能性だってあります。

ただ、H&Mは、誰もが「80―20（エイティ・トゥエンティ）」という考え方を共有していたので、20ページの資料が求められることはありません。

80―20とは、「100%を目指さない。重要な20%の仕事にフォーカスし、80%

の成果を得よう」という考え方です。もともとは、有名なパレートの法則から来ています。全体のアウトプットの80％は、全体のインプットの20％によって生み出されているというものです。働きアリで例えられることも多く、「１００の利益のうちの80は、働きアリ全体の20％が生み出している」という説明もされます。

80－20は、パレートの法則に、「もっとも大きな成果を生むことだけにフォーカスしよう」「シンプルであれ」という、アップルの創業者の故スティーブ・ジョブズの考えを組み合わせています。

限りあるエネルギーは戦略的に使う

●抜くべきところを見極めよう

少し感覚的になるかもしれませんが、0から80％のものを作り上げるときに費やすエネルギーと、80％のものを100％にブラッシュアップするときに費やすエネルギーを比べてみてください。後者の方が、膨大な時間やエネルギーが必要な気はしませんか？ さらに言うと、99％を100％にするのは、本当に大変です。テストやクイズでも、最後の1問は、どうしてもわからないからこそ答えられずに残っているわけなので、解くにはとても時間がかかってしまいます。

私は、ワーク・ライフ・インテグレーションのカギとなるのが、この80－20だと考えています。

ワーク・ライフ・インテグレーションのポイントは、「完璧を目指さず、優先順位を決めて、何を『やらない』かを決めること」です。ただ、何をやらないかを決めるのは、本当に難しい。この「やらないこと」を決めるときに、80－20が役立つのです。

「完璧を目指さない」というのは、何だか手抜きをしているような後ろめたさがありますが、80－20という考え方が加わると、それは単なる手抜きではなくなります。抜くべきところを見極め、成果にフォーカスするという戦略的な行動になるからです。

80点を目指し、重要な20％の仕事にフォーカスする

●「完璧」よりもスピードが大切

ポイントは2つあります。1点目は、「100点を目指さず、80点を目指す」こと。2点目は、「重要な20％の仕事にフォーカスする」ことです。同じことを言っているようで、実は少し違います。

まず、「100点満点を目指さない」。これは自分自身の気持ちの問題です。Part1でも書きましたが、これが完璧主義の私には本当に難しかったです。早起きをして凝ったお弁当を手作りしたり、仕事の後で疲れているところを、ピ

リピリしながら宿題を見たりするよりも、そこは手を抜いて笑顔のママでいられる方が、子どもたちはハッピーです。１００点ではなく80点にすると、自分ではものすごく手抜きをした気になるのですが、実際子どもたちは、ほとんど気にしていませんでした。

仕事でも、80点のアウトプットを1日で出す方が、１００点のアウトプットを１週間かけて出すよりも、本当は価値が高いのです。

残念ながら日本では、仕事をする側が80－20を実現していても、それを評価する側のマネージャーが、「完璧主義」の呪縛に囚われていることも、まだ多いように思います。

例えば「次期の製品カテゴリー別の販売目標を出して」という指示があった場合、本当であれば、数値とその根拠さえ論理的に組み立てられていればＯＫなのですが、それが記載された文書の体裁が美しく整っていなければＮＯになってしまいます。

ただ、どの業界でもそうですが、今は変化のスピードが非常に速いので、自分が思う１００点のものを、時間をかけて作り上げるよりも、要点だけを押さえた80点のものを素早く出す方が、ビジネスにはプラスになります。

全体像は最初に把握する

●あきらめることも時には重要

2点目は、「重要な20%の仕事にフォーカスする」ことです。ただ、「どれが『重要な20%の仕事』に当たるのか」を見極めるのが、なかなか難しいものです。これは半分は、クセや習慣の問題なので、常に意識するようにすることで、力は鍛えられます。

例えば今、1時間あるとして、家事のどこから手を付けますか？　または、退社時間まで残り1時間しかないときに、どの仕事から手を付けますか？

意識していないと、何となく思いついた仕事、目に付いた仕事から取り掛かってしまうと思います。簡単な、手を付けやすい仕事から取り掛かるという人もいるでしょう。

80－20を実践する場合は、まずすべての仕事をリストアップして「オーバービュー」を描くところから始めます。オーバービューとは、全体像です。慣れるまでは、実際に紙やホワイトボードなどに書き出してみてもいいでしょう。それから全体を見渡して、「重要な20％の仕事」を選び出します。そこから手を付けるのです。

選び出した一つひとつの仕事についても、１００％完璧を目指さず、重要な20％の部分をしっかり押さえることで、80％のアウトプットを出すことを目指します。細かいレイアウトには目をつぶりましょう。考えても解けない最後の問題は、「重要な20％の仕事」に該当しないのであれば、さっさとあきらめてしまいましょう。

時間に追われると、つい、オーバービューを描かないまま仕事に取り掛かってしまいます。慣れるまでは、ちょっと遠回りをするようにも思えてしまいますが、最初にオーバービューを描いて「重要な20％」を選び出す習慣をつけるだけで、80―20の感覚がつかめるようになってきます。

残業の海から抜け出そう

●20%を選ぶ習慣をつけよう

最初のうちは、こうして選んだ20%の仕事が、もしかしたら80%のアウトプットを生むものではないかもしれません。それでも、何度も繰り返していると、「重要な20%」の選び方の精度が上がってくるはずです。

すべての仕事を完璧にやるのは素晴らしいかもしれませんが、限られた時間の中でそれを目指すのは、まったく現実的ではありません。

私の場合は、初めて社長業に就いたときから幼い子どもを抱えていて、ある意味必要に迫られてワーク・ライフ・インテグレーションを考えるようになりましたが、独身であったり、子どもがいなかったりしても、80―20の考え方が重要であるのは同じです。

絶えず完璧を目指していると、結局残業の海におぼれてしまいます。「完璧を目指して仕事をしてしまうので、時間がいくらあっても足りない」というのは、聞こえは良いかもしれませんが、実はオーバービューを描かないままに仕事をしているだけという可能性もあります。重要性の低い仕事まで完璧にやろうとしてしまうがために、残業が増えてしまうのであれば、それは仕事の効率を下げることになってしまいます。

ポイントは、「計画」と「マルチタスク」

●スケジュールは家族で共有する

家庭で80―20を実現するときのポイントは、「計画」と「マルチタスク」です。計画することとは、先ほど触れた、オーバービューを描くことにもつながります。先を見通して計画を立てないと、優先順位の判断ができないので80―20になりません。

夫と私は、家では大きなカレンダーに、仕事上のイベントや子どもの学校行事などを書き込んで共有しています。だいたい半年くらい先の予定まで把握するようにしています。学校の行事は、本当はすべて参加したいのですが、すべては難しいので、運動会など重要なものに絞り、あとは夫と分担しています。新学期の初めに、次の半年分の予定をざっくり立ててしまいます。

家族旅行などの休暇も、早めに相談して決め、仕事のスケジュールにも入れてブロックしてしまいます。「この日は遊園地に行く」など、子どものリクエストも取り入れて、家族で話し合って決めます。H&Mからジバンシィ ジャパンに転職をして、2週間単位の長期出張が増えたので、ますます計画を立てることが重要になりました。

休暇は「時間ができたら取ろう」と思っていると、絶対に取れません。「この期間は必ず休暇を取る」と先に予定しておき、休めるように仕事を調整するのです。残業する日、しない日も、予めだいたい決めておき、食事の準備についても1週間分のメニューを考えておきます。

計画を立てると、一度に複数のことを進めるマルチタスクができます。おそらくたくさんの人が既に実践していると思いますが、仕事の外出の「ついでに」家族旅行に必要なものを買いに行くといった、細かいことです。ですが、積み重ねるとかなり効率が上がります。先の計画が立ててあると、もっと効率よく詰め込むことができます。

優先順位は変化を続ける

●家族と過ごす時間を確保する

家事に子どもを巻き込むようにもしています。スーパーへの買い物に、荷物持ちとしてついてきてもらったり、掃除や洗濯、料理なども手伝ってもらったりしています。最初は余計に時間と手間がかかって面倒ですが、子どもたちの自立のためでもあります。また、普段忙しくてゆっくり一緒に過ごせないので、「子どもと過ごす大切な時間」と捉えています。

子どもたちが大きくなり、ティーンエイジャーになると、家庭での80－20も変化していくように思います。小さいときのように、しょっちゅう病気になることはありませんし、着替えや食事も自分でできるようになっています。しかし、子どもたちが自分でできることが増えている分、精神的なサポートが重要です。こちらの都合に合わせて「さあ、今時間ができたから、学校の話をしましょう」と言っても、学校の様子や普段考えていることを話してくれるとは限りません。これからの私にとっては、大きなチャレンジになるでしょう。まだまだ私も模索が続きます。

キープ・イット・シンプル

●日々の業務から直感を鍛えよう

仕事で80－20を実現するうえで最も重要なのが「キープ・イット・シンプル」、シンプルにすることです。ものごとは、複雑に、詳細にすればするほど時間がかかりますし、判断がしにくくなってしまいます。

でも、「シンプルに」というのは「簡単にする、楽な方にする」とは違います。「本質は何か」を見極める必要があるので、むしろ頭を使う必要があるかもしれません。

私がH＆Mに入社して1週間後くらいだったでしょうか、スウェーデンの本社でマネジメント研修を受けていたころのことです。上司から、あるTシャツについて、来期にグローバル全体で何枚くらい売れそうか予想を立て、生産枚数を決めるよう言われたことがあります。

私は、データを集めてパワーポイントの資料を作るので、1週間くらいかかると伝えました。すると上司は「資料はいらないから、1時間で決めて。決めた背景のロジックだけ口頭で説明してくれればいいから」と言うのです。“Use your gut.”とも言われました。“gut”というのは、「内臓」という意味ですが、「自分の直感を信じて」といったニュアンスでしょうか。

仕方なく、「去年はこれくらい売れました。今年はこういった施策を取るので、これくらい増やしたいです」と説明したところ、「それでいいよ」とOKが出ました。

データは山のようにありますから、調べて積み上げたうえで結論を出そうとすると、ものすごく時間がかかってしまいます。おそらくこの上司自身は、これまでの経験から、だいたいどれくらいの枚数が妥当か、わかっていたと思います。私に、細かいデータの分析能力よりも、本質を見極めて全体像を描く力が大事だと言いたかったのではないでしょうか。

シンプルな方が人に伝わる

●勇気を持って「やらない」を決める

それに、とにかくスピード感が重要です。1時間で判断して実行し、市場に合っていない兆候があればすぐに修正する方が、1週間かけて素晴らしい資料を作って判断するよりも、ビジネスにはプラスです。

さらに、仕事を複雑にすると、ムダな手間が発生しやすくなるうえ、伝わりにくくなります。仕事は一人だけではできませんから、チームで迅速に動く必要がありますが、その時、仕事が複雑だと、理解してもらうのに時間がかかるし、優先順位の解釈が人によってバラついてしまいます。それは仕事をスピーディーに進めるうえで致命的です。

私も社長に就いて最初のうちは、完璧主義で、すべてを把握しないと気が済まない性格のせいもあって、つい、何かのプランや改善策を作るときにも、長くて詳細なものにしてしまっていました。本社からは、「3行でスタッフに伝えられるものに」と言われ、それを心掛けるようになりました。

本社への報告も、大量の報告文書を送ると「重要なポイントだけを口頭で説明してくれ」と言われました。メールですら時間がもったいないので、できるだけ電話で済ませることが多いです。

報告文書は、作り始めるとどうしても細部や見た目の細かいことまで気になってしまいます。文書を作るのは、報告のための「手段」の1つなのに、いつの間にか、作ることが「目的」になってしまいます。それに何より、文書を作成する時間がもったいない。

会議中も、「後で資料は共有するから、メモを取らないで、考える方に集中して」

と言われることがありました。ついクセで、一言一句、細かくメモを取ろうとしてしまうのですが、確かに会議は、考えて議論し、決定する場ですから、こうしたやり方もいいいな、と感心しました。

シンプルにすること、重要なポイントに絞ることは、最初は簡単ではありません。どちらも根本では同じことを意味していて、優先順位を決めること、やるべきこととやらないことを分けて決めることだからです。「やるべきこと」を決めるのは簡単ですが、「やらないこと」を決めるのは難しい。勇気がいるからです。

HowよりもWhat

●「無理」だと思ったら、視点を変えてみる

フォーカスすべきことを決め、やらないことを決めるときに役立つ考え方が、「HowではなくWhatにフォーカスすること」です。私もよくスタッフに、「HowよりもWhatを教えて」と言っています。

「どうやって実行するか」を詳しく報告してもらう必要はありません。何を実現したいのか、それが一番大切です。これをいつも意識していれば、フォーカスすべきことがはっきりしますし、「やらなくていいこと」を決めやすいのです。

忙しいと時々、Ｈｏｗにとらわれて、Ｗｈａｔを見失ってしまうことがあります。でも、最初にＷｈａｔを明確にしていれば、立ち止まって「あれ？　今、方法論にばかりとらわれているけれど、これで本当に、最初に掲げた目標を達成できるんだっけ？」と、軌道修正することができます。

例えば、ある水着の宣伝戦略を考えているとき、あれもいい、これもいいとたくさんのアイデアが出て、なかなか決まらなかったことがあります。どんな人たちにこの水着を買ってほしいのか、「何を実現したいのか」というＷｈａｔに立ち返り、80－20の考え方で、「一番成果につながるのはどれか」「何にフォーカスしたらＷｈａｔが実現するのか」を考えると、自ずと答えが決まりました。

「エレベーターテスト」という手法も役に立ちます。エレベーターで、社長と偶然乗り合わせ、「あなたは何の仕事をしているの？」と聞かれたとします。社長がエレベーターを降りるまでの30秒間に、自分の仕事を簡潔に伝えることはできるでしょうか？

Ｈｏｗを話していたら、30秒はあっという間です。常にＷｈａｔを意識していれば、それを伝えるだけなので、すぐに答えられます。この、エレベーターテストという訓練をしておくと、仕事のフォーカスがぶれずに済みます。

常識を疑い、クリエイティブに考える

●代休の未消化や徹夜の文化は変えられる

私がそうだったように、これまでいつも100点満点を目指し、完璧を追求してきた多くの日本の人たちにとって、「80点でいい」という80－20の考え方は、なかなかなじめないかもしれません。少なくとも私にとっては、自分の常識をひっくり返すような考え方でした。

しかし、H&Mでは実際、このやり方で大きな成果を上げている様子を目の当たりにしてきましたし、私自身も、80－20を実践しながら、その効果を体感してきました。残業を減らし、全員がしっかり休暇を取り、ハッピーに仕事をしている。それが何よりの証拠です。

私も、昔は家庭と仕事の両立は無理だと思い込んでいましたし、ましてや社長になるとは思ってもみませんでした。でも実は、これまで当たり前だと思ってきたこと、思い込みや自分の中の常識の外側に、「別のやり方」があったわけです。それを発見することは、実はとても楽しいことです。

H&M日本法人でも、最初は店舗スタッフのメンタリティーを変えるのは大変でした。当時、アパレルの小売店では、残業が恒常化しており、新しい店舗がオープンする前日には、徹夜で準備するのも当たり前というカルチャーがありました。また、世の中が休みの日は稼ぎ時ですから、休日に仕事をしてまったく代休を消化できていないのも一般的だったようです。

評価は結果だけでは決めない

●ルーティン作業で思考を止めない

最初は、「残業できないのに売り上げを伸ばすなんて無理」「仕事が減らないのに、休みなんて取れない」など、たくさんの非難の声が上がりました。特に店長たちは、店舗の運営や成績に対して強い責任感を持っていますから、「残業するな」「休暇を取れ」と言って、ほかのスタッフを早く帰宅させたり休みを取らせたりして、自分だけ残業をしたり休暇なしで仕事をしたりしてしまいます。

そんな中で、「残業するな」「しっかり休みを取れ」と言い続けたので、最初はものすごい抵抗を受けました。ただ、私一人がそう言っていても、なかなか取り組みは広がりません。マネジメント職全員に、なぜそれが大切かを説き、協力してあたるようにしました。私たちマネジメント層の一人ひとりが、部下に対し、80―20を実践しながらきちんと休みを取るよう言い続け、自分自身もそれを実行し続けたのです。

長時間労働を減らせたかどうかを、評価につなげるようにもしました。単に目標を達成したという「成果」を見るだけでなく、どのように達成したかも、評価に入れたのです。結果は出せたけれど、たくさん残業し、まったく休みを取らなかったというのでは、評価の対象にはなりません。結果とプロセスの両方を見ているということを、社員全員にわかってもらうようにしました。

残業をしないで収益を伸ばさなくてはならないのですから、今までと同じやり方ではもちろんできません。オーバービューを描かず、思いついたすべての仕事を完璧にこなそうとすると、仕事量が減らないのは当たり前。全体像を描いて、最終的にどことどこを押さえなくてはならないかを見極め、「やらないこと」を自信を持って決める力を、特に店長たちには持ってほしいと考えました。

1から10までを順番に、すべて100点満点を目指して完璧にやり切るのではなく、1から10のうち、今日やらなくてはならないこと、一番効果が高いものはどれかを選んでやる。もしかしたら中には、毎日やらなくてもいいこと、週に1回、月に1回やれば十分なものもあるかもしれません。

選ぶのには勇気がいります。もしかしたらその判断が間違っているかもしれない。それでもいいんです。すぐ間違いに気付いて、次から変えればいい。

特に店舗の業務は、気を付けないとルーティンになりがちです。毎日やっていると、その仕事をやることが当たり前になり、なぜやっているのかを考えなくなってしまう。時々ルーティンを見なおして、80―20に合致しているか、考えることが必要です。

解けない問題で手を止めない

●限られた時間で成果を出そう

しばらくすると、残業を減らし、休暇を取りながらも実績を上げられたという事例が、少しずつ挙がるようになりました。「あそこの店、部門ができたなら、うちもできるかもしれない」と考えるところも出てきます。一度できると、それが自信になり、もっとできるかもしれないと思えるようになります。

ただ、一度成果が上がったとしても、それで満足してしまってはいけません。昨日より今日、今日より明日の自分は、経験も積んでいるし、知っていることも多いはず。常に自分の中にある思い込みや常識を疑い、クリエイティブに考える。それがうまくいくと本当に楽しいものです。

もしかしたら、ワーキングマザーだったからこそ、効率を重視し限られた時間の中で結果を出すことに、フォーカスできたのかもしれません。特に社長になってすぐのころは、子どもも小さく、「時間がない」というのは常に切実な問題でしたから。

自分のメンタリティーを変えるのは大きなチャレンジでしたが、100%ではなく80%の力を発揮できればいいと考えると、ワーク・ライフ・インテグレーションは実現できるようになります。

それに、80—20を実践してみると、残業を減らしながらも大きな成果を上げられました。今まで100%を目指すために使っていた時間は、かなりの割合でムダだったことがわかったのです。

テストでは、なかなか解けない最後の1問を、さっさとあきらめてしまうのは良くないとされますが、実生活ではそうではありません。

ビジネスでも家庭でも、解けない問題に多くの時間を費やす必要はありません。さっさと終わりにして、別のことに取り掛かった方がいいのです。

ストックホルム商科大学の国際MBAプログラム卒業式

Part 3

みんなで「ワーク・ライフ・インテグレーション」を実現しよう

まずは自分の働き方を見直そう

●ちょっとの「遊び」が職場を変える

Ｐａｒｔ１とＰａｒｔ２では、「ワーク・ライフ・インテグレーション」を実現するために、私個人としてどうしたかをお話ししました。ただ、まだまだ『仕事』と『プライベート』ははっきり分けるべき」と考える人は多いと思います。自分一人だけが職場にプライベートを大っぴらに〝持ち込む〟のには抵抗があるかもしれません。

私自身も、最初にスウェーデンで働き始めたときには、「職場で家族旅行の手配の電話をするなんて、社会人としてのマナーに欠けるのでは？」「子どものピアノの発表会のために、会議の時間を変更するなんて、信じられない！」と感じたくらいですから。

職場の雰囲気、風土を変えるのは大変なことですし、個人の力には正直、限界があります。強力なトップダウンによる推進力も必要でしょう。勤務中、自席で大っぴらに、子どもの歯医者の予約の電話をするのは、まだやめておいた方がよさそうです。まずは自分自身の考え方、自分自身の働き方から変えていけばよいと思います。

最近は自宅やリモートオフィスで仕事をすることが認められる職場も増えていますし、自分で働き方を決められる範囲が広がっています。そうした制度をうまく使いながら、ワーク・ライフ・インテグレーションを実現していきましょう。

これだけ長時間労働で体調を崩したり、「過労死」に至ってしまったりする人が多い中、働き方改革の流れが後戻りするとは考えられません。少子高齢化で働く人の数が減り、女性だけでなく高齢者や外国人、介護を抱える人でも働き続けられるよう、柔軟な働き方はますます重要になります。そんな流れの中で「ワーク・ライフ・インテグレーション」は、社会全体が目指す方向になっていくでしょう。声高に主張しなくても、いつの間にかワーク・ライフ・インテグレーションを職場全体で推進する雰囲気を作ることなら、実は今すぐにでもできます。ここでは、その方法を紹介します。

人間関係も
ワーク・ライフ・インテグレーション

●チーム全体のパフォーマンスを考える

　これまでは、時間の使い方の面での、ワーク・ライフ・インテグレーションについて話してきましたが、人間関係についてもワーク・ライフ・インテグレーションをお勧めします。

　日本の会社はこれまで、「家族」になぞらえられることが多かったと思います。新卒で、同年代の「同期」がたくさんいて、みんな会社の寮や社宅で生活。定年までを過ごします。

その対極としてよく取り上げられるのが、アメリカ型の雇用です。個人主義、成果主義で、自分の担当範囲のこと以外はやらない、ドライなイメージをお持ちではないでしょうか。

私が親しんだスウェーデン式の職場は、そのどちらでもありません。非常にチームワークや人間関係を重視するので、比較的日本人にもなじみやすいと思います。もちろん仕事の成果は重視しますが、「私が」ではなく「みんなで」成果を出そうとします。どうしたらチーム全体のパフォーマンスを上げることができるかを考えるのです。

トップダウンで、ヒエラルキーな組織の場合だと、チームメンバーそれぞれの得手不得手に加え、体調や、介護が必要な家族がいたり小さな子どもがいたりといった家族の状況などは、トップに立つチームリーダーだけが把握していれば回るものかもしれません。リーダーが、個々の状況に応じて仕事を差配するというやり方だからです。

しかし、今のように、消費者の嗜好が多様化しており、かつ、すさまじい勢いで変化していると、トップダウンのピラミッド型組織だと、メンバーが集めてきた情報をトップに集約し、トップが意思決定を行ってそれを全員に伝達するというやり方では、とてもではないですが変化のスピードについていけません。

同じことが、働き方の変化についても言えます。例えば、誰かの子どもが病気になって、急に出勤できなくなった場合に、その情報をトップが知り、誰がどんな仕事をカバーするかを決めて指示を出すといった動きでは、間に合わなかったり、迅速に最適な仕事分担の組み直しをしたりすることができません。

風通しの良い職場はイノベーションにつながる

●小さな「気付き」を積み重ねよう

そもそも、トップダウンの組織だと、自分のプライベートの状況を、マメに上司に報告しにくい雰囲気にもなるのではないでしょうか。その結果、ギリギリまで問題を一人で抱え込み、仕事が回らなくなったり体調を崩したりして、会社を辞めてしまう、ということになってしまいます。日本の企業で出産や子育てによる退職、介護離職が多い背景には、こうした理由もあると思います。

フラットな組織の場合は、ワーク・ライフ・インテグレーションも進めやすいですし、そうすることが、チーム全体のパフォーマンス向上につながりやすくなります。何かあったときに、すぐ相談できる関係が、チームの中で作られやすいからです。

「何かあったとき」というのは、家族の病気など、プライベートのことに限りません。お客さまと接する中で感じたこと、仕事上のちょっとしたトラブルや疑問に思ったことなどは、自分の心のうちだけに留めておくのは、まったくプラスになりません。こうした小さな「気付き」は、お客さまへのサービスの質を上げたり、新しいビジネスを生んだり、仕事の進め方を効率化したりするためのアイデアにつながります。

仕事のことだけでなく、プライベートのことも、気軽に情報共有しておけば、お互いをフォローし合ったりできますし、家庭を犠牲にしたりせず、無理なく仕事とプライベートを「インテグレート」（統合）しやすくなります。

ボトムアップの組織がムダを省く

●何でも許可を得る必要はない

私は、自分ではあまり意識していませんでしたが、最初はかなりトップダウンだったと思います。トップダウンのやり方以外を、知らなかったとも言えます。

一方H＆Mはとてもフラットな組織で、トップダウンではなくボトムアップの文化。入社して最初に、店舗研修を受けていたときの経験は、よく覚えています。急に雨が降ってきたので、売り物の傘の棚を、奥まったところから入口に近いところに動かそうということになりました。その時、たまたま店長が不在だったので、私は「店長に聞いてからの方がいいんじゃない？」と言いました。でも、ほかのスタッフは「それじゃあ雨がやんじゃうわよ」と笑って取り合いません。

そこで初めて「私は随分、これまでヒエラルキーの進め方に慣れてしまっていたんだな。その都度、何でもまじめに上司に許可を得てから動く考え方に、浸り切っていたんだな」と気付きました。

仕事は楽しく。情報共有しやすい雰囲気作り

●気兼ねない関係で、目標達成に近づく

ただ掛け声だけで「情報共有しましょう」と言っても、話しやすい雰囲気がなければ、なかなかできることではありません。H&Mでは、「楽しく仕事をしよう（Have fun!）」ということを重視していました。売り上げ目標を達成したら、ケーキやアイスクリームのパーティーをして、大々的にお祝いします。

日本法人を立ち上げたばかりで、まだスタッフがそれほど多くなかったころは、毎週オフィスにあった赤いテーブルの周りに集まって「レッドテーブル・ミーティ

ング」という朝礼をやっていました。ここでは、仕事の話だけでなく、誰かの誕生日や結婚などのパーソナルなこともみんなで共有し、お祝いしていました。

パーソナルなこと、家庭の事情を職場に持ち込むのは、どうしても社会人としてのマナーに欠けること、プロフェッショナルではないことだと捉えてしまう文化が、まだ多くの企業にはあると思います。私も最初は「職場なのに、"Have fun"などと言ってパーティーをするなんて、時間のムダ遣いなのではないか」と思っていました。スウェーデンの本社から「パーティーでお祝いしなさい」と言われたときにも、最初は「売り上げ目標を達成したのは素晴らしいけど、なぜ達成できたかきちんと分析しなくては。次にもっと高い目標を達成するためにはどうしたらいいか、考えなくては。パーティーなんてやっている場合じゃないわ」と考えていたのです。

でも、私がそうした考え方だと、周りもつられてピリピリしてしまいます。いつも、できないことばかりに目が行ってしまう。完璧主義が頭をもたげて、１００％やらなければ気が済まなくなってしまいます。

休むのが下手な日本人

●小さなことでも「お祝い」しよう

休むべきときは休み、楽しむときは楽しむ。本社の人たちからは、「日本人はまじめだから、放っておくと際限なく頑張ってしまう」と言われました。だからこその「パーティーでお祝いしなさい」だったのです。そして、社長の私が率先してそういう姿を見せないと、1日中眉間にシワを寄せて仕事をする会社になってしまいます。ピリピリとした雰囲気だと、仕事のちょっとした相談ごとはもちろん、家庭の小さな心配ごとなども、話しにくくなります。

スタッフ同士で、困ったことやわからないことがあったときにすぐに相談したり、協力したりできるような人間関係は、やはりリラックスした楽しい場でこそ作られます。

レッドテーブル・ミーティングで、隣のチームのAさんが今日、誕生日だからとお祝いすれば、後でAさんとエレベーターで乗り合わせたときに、「今日はお誕生日なんですね。おめでとうございます」と声がかけられます。笑顔で話が弾むかもしれない。いつかAさんと、何かのプロジェクトで一緒になったときに、気軽に話ができる関係ができていれば、仕事を進めるのもスムーズです。

店長会議は「関係作りの場」に

●あえて「オフライン」で顔を合わせる

年に1回、エリア内の店長が集まって行う店長会議も、だいたい会議そのものは半日くらいで終わりでした。残り半日は、ピクニックやロッククライミング、パーティーなどを行います。

実は最初のころは、1日みっちり会議にしていました。「年に1回しか集まらないんだから」と思うと、あれもこれも、店長たちに伝えたいことがたくさん出てくる。でも、1日びっしり会議だと、伝達された情報も、話し合った内容も、盛りだくさんすぎてほとんど覚えていられません。忘れてしまうのです。

それに気付いてから店長会議は「情報伝達の場」ではなく、「関係作りの場」に、その役割を定義し直しました。もちろん、周知しなくてはならないことや、話し合わなくてはならないことはありますが、店長同士、本部と店長の関係を作り、気軽にメールや電話ができるようにすることの方が、お互いのメリットになります。

個人の働き方も変化していますが、職場での人間関係も、これまでのように「仕事は仕事」と割り切ったドライな上下関係から、ワーク・ライフ・インテグレーションに基づくフラットな関係へと、変化させるべきなのではないかと思います。職場の同僚や上司と、今よりも少しだけ、もっと友達のような関係を作るのです。

今はインターネットが会社のインフラになっていて、情報共有ツールも便利なものがたくさんあります。直接会って話をしなくても、こまめな情報共有は可能です。人間関係もワーク・ライフ・インテグレーションをしていこうとすると、インターネットを介さないオフラインでの関係作りを、上手に組み合わせる必要があるでしょう。

業務の隙間に社内の人と交流する

●情報共有だけで終わるのをやめてみよう

私は出張する際、一緒に行く人がいるなら、同じ飛行機や新幹線で、隣同士座って行くようにしています。ほかの人にも、そうするよう勧めています。「車内で仕事をしたいので、バラバラで一人で行きたい」という人は多いですし、以前は私もそうでした。それが変わったのも、やはりH&Mの文化を知ってからです。もちろん仕事の話もしますが、車内で隣り合わせで長時間過ごすと、プライベートなことも話します。子どもの時のこと、学生時代に熱中したこと、趣味や家族のことなど、職場では話したことのないことを話しますし、まったく知らなかった一面を知ることもできます。仕事とはまったく別の場所で、同じ時間を過ごすことが大切なのです。

会議などでスウェーデンに出張するときも、会議はだいたい半日くらいで、それ以外の時間はダンスパーティーや郊外への小旅行などのレクリエーションに充てられました。「わざわざ日本から来たのに……」と思うこともありましたが、そこで仲良くなった人たちとは、その後、仕事で何かあったときに、気軽に電話をかけて相談できるくらいに仲良くなれましたし、何より、「同じチームの一員である」という、一体感が強まったように思います。

もちろん、会社としての方針や戦略などの、情報共有は必須ですが、現場の日々の仕事の中では、ちょっと困ったことやわからないことがあるときに相談できる人を、複数持っておくことがとても役立ちます。情報や知識よりも、ネットワーク、人とのつながりが大切なことも多いのです。

職場の人と「仲良くする」必要があるのか

●気兼ねなく話せる関係を作る

最近の日本の職場では少ないかもしれませんが、H&Mでは、会議などで出張した際に、現地の役員の家のホームパーティーに呼ばれることもよくありました。招いてくれた役員の家族はもちろん参加していますし、ほかの社員も家族を連れて参加します。

自分の時間について、どこまでが仕事、どこまでがプライベート、と明確な区切りを持たないのと同じように、人間関係もワーク・ライフ・インテグレーションが良いと思います。職場の上司や同僚との関わりも、「仕事上の関係だけ。プライベートな関わりは一切持たない」と、明確に区切らないことです。気が合わない上司や同僚と、無理にプライベートの時間を一緒に過ごす必要はありませんが、お互いのプライベートの情報を、もう少し伝えたり、仲良くなる努力をしてみたりしても損はありません。

お互いのプライベートの状況を少しでも知っていて、例えば上司の子どもに会って仲良く遊んだことがあれば、上司に急遽「子どもが発熱して予定していた打ち合わせに出られなくなった」と言われても、「○○ちゃんが病気とは心配。早くよくなるといいですね」という気持ちになれると思います。「こんなに忙しいのに、急に打ち合わせに来られないなんて困る」という、嫌な気持ちにはならないはず。それは、自分がプライベートの事情で予定を変更しなくてはならなくなった場合も同じです。

休んでも回る組織を作る

●変わるリーダーの意識

ここで少し、組織作りについてお話ししたいと思います。もちろん組織作りについては、やはり会社のトップが強い意思を持って変えていかないと難しいでしょう。ですからもしこの本を読んでいる人の中に、組織のリーダーのポジションにある人がいれば、ぜひ考えていただきたいです。そして、まだリーダーの任にはないという人は、ぜひ自分がリーダーになる際に意識してほしいと思います。

重要なのは、「人が休んでも回る組織を作る」ことです。これまでの日本企業の多くは、社員全員が同じように働き続けることを前提として組織が作られていたと思います。週のうち決められた曜日（または決められた日数）、1日のうち決められた時間、全員が出社して働くことが前提になっていたわけです。

数十年間、それを前提にして回っていたので、出社する時間帯がバラバラだったり、長期の休暇を取る人が複数いたりしても回る組織作りには、意識が向いていなかったのではないでしょうか。

しかし今、組織作り・組織運営の前提条件が、ようやく変わってきています。出産や育児、介護などで時短勤務の人に、どのように仕事を任せたらいいのか。同様の理由で数カ月や年単位で休む人が出たときに、うまく組織を回すにはどうしたらいいか。多くの企業が考え始めています。

休暇は「人を育てる」ために使う

●誰かの「不在」は誰かの「チャンス」

スウェーデンで採用されていた仕組みは、大きなヒントになるでしょう。「育児休業や長期休暇などを、『人を育てる』ために使う」という発想です。私も最初は大変驚きました。

次男の妊娠がわかったのは、H&M日本法人の社長になって3年くらい経ったころだったと思います。日々、やらなくてはならないことが目白押しで、本当に忙しい時期でした。社長が産休を取るなんて、日本ではありえません。できるだけ早く仕事に戻らなくては。休みはせいぜい3カ月くらいしか取れないだろうと覚悟していました。

妊娠は嬉しいことでしたが、仕事のことを考えると重苦しい気持ちになりました。それで、本社のＣＥＯには、「本当にごめんなさい。妊娠してしまいました」と謝りながら報告したのです。

すると彼は「それはおめでとう！　育休はどれくらい取る？　1年？　1年半？」と、明るい声で言うではありませんか。本当に驚きました。一瞬、「え？そんなに長い間、私がいなくても大丈夫なの？　私は必要とされていないの？」と思いましたが、違いました。彼は「すばらしいチャンスをくれてありがとう。君がいない間を、カントリーマネージャー（海外支社の社長）候補に挙がっている人の、テスト期間に使わせてもらうよ」と言うのです。私が不在の間、ほかのマネージャーに代わりを務めてもらい、その人の力をテストしようとしていたのです。

個人と組織の力を強くさせる長期休暇

●チャレンジを推奨する職場を作ろう

これはH&Mでは当たり前に使われていた仕組みでした。結局、私はこの時6カ月間の休みを取ったのですが、その間は、イギリスの優秀なセールスマネージャーが日本の代表代行としてやってきて、韓国の社長がサポートにつきました。

そのセールスマネージャーは、イギリスの社長がその力に目を付けて「ネクスト・ミー」（次の私）として育てていた人で、本社としてもいずれはカントリーマネージャーに登用したいという意図を持っていたのです。その人に、本当にそうした力量があるかを計りたい、もう一歩の成長をさせたいと考えていたところに、私が育児休暇を取ることになったのでした。

私がいない間をカバーしてくれていた、このイギリスのセールスマネージャーはその後、大きなマーケットであるアメリカのセールスマネージャーに就き、アメリカ市場の急成長に大いに貢献しました。

この仕組みは、スウェーデン語で「ビカリアート（Vikariat）」と呼ばれていて、社長やマネージャーレベルだけでなく、一般の社員にも使われていました。必ずしもキャリアアップの目的でなくても、例えば広報で長期休暇を取る人がいたとして、広報の仕事に関心があり、チャレンジしてみたいと思う人がいれば、ほかの職種や部署であっても、ビカリアートとしてそのポストに就くことができます。

産休や育休だけでなく、通常の休暇もそうです。誰かが休むと、マネージャーはその仕事を、どんどんほかの人に任せます。「普段はなかなかやる機会がないけれど、もしかしたらこの仕事をあの人に任せてみたら、意外とうまくやるのではないか」「今までやったことがないようだけど、関心を持っているようだから、ちょっとやってみてもらおう」。こうして人を育て、チームを育てるために活用します。
このような仕組みがあるからこそ、誰もが気兼ねなく休暇を取ることができます。
長期休暇は、個人、組織の双方を成長させるためのチャンスなのです。

「人を育てる」ことがマネージャーの役割

●自分も誰かの「ネクスト・ミー」

「誰かが休んでも回る組織を作る」というのは、産休・育休を取った私のように、「社長やマネージャーが休んでも回る組織作り」を意味します。自分が休んでも回る組織、自分がいなくなっても回る組織を作らなくてはならない。そのためには、目の前の業績ももちろん大切ではありますが、人を育てることが必要です。

H＆Mでは、人を育てること、特に、自分の次になる人材「ネクスト・ミー」を育てることが、重要なマネージャーの役割でした。それが自分の評価にもつながります。

　ネクスト・ミーは、自分の直属の部下である必要はありません。ほかの部署でもかまいませんし、ほかの国でもかまわない。どのレベルの人でも、広く会社全体に目を向けながら、人を育てることを意識します。

　ネクスト・ミーがいれば、今の自分の仕事にも余裕ができ、さらにレベルの高い仕事にチャレンジすることができます。もちろん、休暇も取りやすくなります。部下にチャンスを与えながら、自分も成長できる仕組みでした。

「自分が育てたネクスト・ミーに、いまの自分のポストを取られてしまうのではないか」と心配する必要はありません。自分自身も誰かのネクスト・ミーなのですから、また新しい、よりおもしろいポストが用意されます。

　失敗もさせ、さまざまなプロジェクトも経験させなくては、人は育ちません。だから、育児休暇や長期休暇も、どんどん活用します。「マネージャーの役割は、人を育てること」というのが明確になっていたからこそ、ネクスト・ミーを育てるビカリアートの仕組みが機能します。誰かの休暇を人材育成に活用するという発想こそが、組織としてワーク・ライフ・インテグレーションを実現していたように思います。

Part 4

キャリアの迷路から脱出するために

考えない生活は「ワーク」に偏る

●未来は自分で作るもの

私は、会社の中だけでなく会社の外でもよく、若い女性や男性から仕事やキャリアに関する相談を受けます。

みなさん本当に迷っているように見えます。それは、私自身の20代、30代のころを見るようでもあります。

特に女性に多いのですが、「将来についてあまりにもわからないことが多すぎて、どう考えていいのかわからない」と不安を感じている人もいます。いつか結婚するかもしれないし、しないかもしれない。子どもを持つかもしれないし、持たないかもしれない。残念ながら、まだ職場や身近に、「将来は私もこんなふうになりたい」と思えるロールモデルとなるような女性があまりいないことも、不安を抱える理由の1つかもしれません。

人によって、抱える悩みは違います。でも、私が必ず伝えることがあります。「自分のキャリアは、自分で考えて。決して受け身にならないで」ということです。

将来はわからないことだらけです。考えたり、悩んだりしても仕方がないような気さえしてしまいます。でも、そんなことはありません。

夢や目標がはっきりしていない人であっても、「夢なんてどうせ叶うはずがない」と思っている人でも、だからといって考えることを放棄しないでほしいと思います。「よくわからないから、とりあえず先輩や上司に言われるままにやっていればいいや」と、自分自身について受け身にならないでください。それではますます、ワーク・ライフのうちの「ワーク」（仕事）部分が肥大化し、「ライフ」（自分の人生・生活）が侵食されてしまいます。長時間労働はその典型です。

「このままでいいのだろうか」という疑問を抱えていても、日々の生活は忙しく過ぎていきます。多くの日本の会社は、定期的に人事異動がありますし、特段自分で希望しなくても、自動的に異動や昇進があります。自分でキャリアやゴールを考えなくても済んでしまうのです。

若くて、自分の将来について思い悩むうちはまだいいかもしれませんが、職場や家庭での責任が増えてくると、「そんなことに悩んでいる暇はない」と、だんだんと自分のキャリアに対して受け身になってしまう人が多いように思えてなりません。

「将来像」も、ワーク・ライフ・インテグレーションを

●明確なゴールのイメージを持とう

こうしたキャリアの迷路から脱出するための第一歩は、「自分のキャリアは自分で作る」「自分の人生は自分で作る」という意思を持つことです。そして将来像、すなわち「パーソナルゴール」を考え、ただ頭の中に留めるのではなく、言語化して書き出すようにしてみてください。

ただ、「パーソナルゴールを考える」というと、どうしても仕事上のゴールだけ

を考えてしまうことが多いように思います。「35歳までに、〇〇の知識を身に付けて、社内で『〇〇のプロ』と言われるようになる」「5年以内に、今の部署で実績を積んで、業界トップの〇〇社に転職する」などです。

でも、ゴールを考えるときにはぜひ、ワーク・ライフ・インテグレーションを前提としてください。Ｐａｒｔ1と2では時間について、Ｐａｒｔ3では人間関係で、ワーク・ライフ・インテグレーションを進めることをお勧めしてきましたが、自分の人生のゴール、「パーソナルゴール」を考えるときにも同様に、ワーク・ライフ・インテグレーションをしてほしいと思います。

もちろん、結婚や出産などのライフイベントについてゴールを設定するのは難しいですが、少なくとも今の自分を前提にして、どんな働き方を目指すのか、どんなプライベート生活を持ちたいのか、ゴールのイメージを持ちましょう。

「夏には〇日間の休みを取ってハワイに行き、乗馬のレッスンを受ける」「週に〇回はヨガのレッスンを受ける」「毎朝出勤前に〇キロのランニングをして、年に〇回はマラソンの大会に出る」といったものでもいいと思います。子どもがいれば、「毎日朝食を一緒に取る」「お風呂に入れて寝かしつける」「夏休みには○日の休みを取って家族旅行をする」などもでてくるでしょう。

意識して行動することで、目標は明確になる

●プランは柔軟に変えればいい

パーソナルゴールは、その時その時で変わってもかまいません。明確なものがなければ、「海外で働きたい」「社長になりたい」のような、漠然としたものでもいいのです。

一度掲げれば、意識して行動するようになりますし、意識して行動すれば、自然に明確なものにブラッシュアップされていくはずです。

パーソナルゴールは、もちろん掲げなくても生きてはいけます。課された目先の

仕事をきちんとやっていれば、それなりに会社で評価もされるかもしれません。しかし、それでは結局、自分の人生のかなりの部分を、人任せにしてしまうことになります。「将来のことはわからないから、長期的なゴールを考えても意味がない」と思われるかもしれませんが、絶対にそんなことはありません。長期的に、自分は自分の生活、人生をどのようにしたいのかを考え、それを言葉にしてみましょう。

行き先、目指す先がわからない旅は不安です。やみくもに歩き回っても、それが前進しているのか後退しているのか、判断すらつきません。行き先さえ決めておけば、あとはどのルートを取るかを決めるだけです。

どの行き方を選ぶか、どのルートを選ぶかは、結婚や出産などのライフイベント、自分や家族の病気、その時どきの経済状況などに応じて、変えればいい。険しすぎると思えば、遠回りでも緩やかなルートを取ればいいし、途中で天気が荒れたら、おさまるまで休んでもいいのです。

考える時間を定期的に作る

●自分で自分を振り返る

ここで重要なのは、定期的に考える時間を作ることです。

私はそれを、父に教わりました。父は半年に1度、1日かけて自分の人生について考えていました。どんなに忙しくても、予定を1日空けておき、その日にはよほどの緊急なことがない限りは会議も電話もメールもなし。執務室に引きこもってじっくり考えるのです。

会議と会議の合間、移動時間など、5分や10分、どうかすれば1時間程度の空き時間が生まれることはあるかもしれません。でも、そうした隙間時間を足した8時間と、中断されることなく集中できるまとまった8時間はまったく違います。思い出したくないような過去の失敗を振り返ったり、少し考えただけでは結論が出ないようなキャリアゴールを設定したりするのは、突然生まれた細切れの隙間時間ではできません。

考える時間は、意図的に作らないと、日々の仕事に追われてどんどん後回しになってしまいます。さらに、時間に追われ、忙しくしていると、どうしても振り返りをおろそかにしてしまいます。1つのプロジェクトが終わっても、次のプロジェクトが控えている。意識的に立ち止まって振り返り「このプロジェクトから学んだことは何か」「次のプロジェクトをより良いものにするには、どうしたらいいか」を考え、記録しておかないと、どんどん記憶は薄れて、目の前の仕事に追われて忘れてしまいます。

「できたこと」に目を向けてみよう

●1人になって手帳に書き出す

仕事もプライベートも、半年あれば状況が大きく変わります。立ち止まって、何がどう変わったかを見極め、設定したパーソナルゴールに対してちゃんと進めているか、自分の反省会をするのです。進んでいるのであれば、それをきちんと認めて、自分を褒めます。

日本人はとてもまじめなので、どうしても、できなかったことにばかり目が行ってしまいますが、そうすると、次に進もうというモチベーションもなかなか生まれません。

私自身も、そうした自分の傾向をよく知っているので、できるだけ良かった面に目を向けるようにしています。その点では、いつも夫が良い気付きを与えてくれます。

例えば、新しい店舗のオープニングがあると、私はいつもその後「あーあ、あそこで失敗しちゃった」「ここがうまくいかなかった」「もっとこうすればよかった」と反省してばかりなのですが、夫は「そうは言うけど、お店はちゃんとオープンして、たくさんのお客さまが来たんだよね。よかったじゃないか」と言ってくれます。反省を次に活かすことは大切ですが、そればかりでは、今までにできたことが目に入らなくなってしまいます。

半年に1度の「考える時間」には、できるだけほかの予定を入れず、一人になって、とにかく考えることに集中します。もちろん、ただ考えるだけでは、後日忘れてしまうので、パーソナルゴール、できたこと、できなかったことは手帳に書き出します。考えたことを書き出しているうちに、パーソナルゴールそのものもブラッシュアップされていきます。

手帳は、定期的に見返します。朝、仕事を始める前、通勤の途中、寝る前など、時間を決めて見返す習慣をつけるのも良いと思います。せっかく立てたパーソナルゴールも、定期的に見返さないと忘れてしまいますし、せっかく半年に1度、考える時間を取っても、忘れてしまうのではムダになってしまいます。

休むことに罪悪感を持たない

●「私には無理」を口癖にするのはやめよう

私はここまでで再三、多くの人が長時間労働をしてしまう理由が、日本人の完璧主義、100％を目指してしまうところにあるのではないかというお話をしてきました。そうした気質に関連しますが、日本では、休暇を取ること、早く帰ること、しっかり睡眠を取ることに対して、罪悪感を持つ人が多いように思います。休むと「周りから怠けていると受け取られるのではないか」と感じているのではないでしょうか。

H&M日本法人では何年もかけて、残業をしないこと、長期休暇をしっかり取ることが称賛される雰囲気を作ることができました。でも最初のうちは、何度言ってもなかなかみんな休みを取ろうとしませんでした。「私が休むと、その分の仕事のしわ寄せがほかの人に行ってしまう」「忙しいのに、私だけ休むのは申し訳ない」と言うのです。

休みを取るように言うと、マネージャーたちからは「あなたは社長だからできるかもしれないけど、私は無理」「そんなことができるのはクリスティンだからでしょう」と言われることがよくありました。

嫌がられることはしょっちゅうでしたが、それでもしつこく休みを取るよう言い続けました。そうでないと、これから小売業界に入ってくる人たちが、また同じことで苦しまなくてはならないからです。

体を壊してしまったり、仕事以外の趣味や家族との時間を犠牲にしなくてはならなかったり、そういう様子を見ていると、「私にはムリ」と、最初から働き続けることをあきらめる人が増えてしまいます。さらには、誰にもこの業界で働いてみたいと思ってもらえなくなってしまいます。

良質なアウトプットをするための生活環境を考える

●「お互い様」を忘れない

仕事時間イコール仕事の質ではありません。途中で休憩を取らないと、長く走り続けることはできません。マラソンでは、準備体操や整理体操をするし、途中で水分や栄養を補給します。それなのに、ビジネスでは自分に対するケアをないがしろにしてしまうことが本当に多い。時には仕事から離れてリラックスし、睡眠をしっかり取らないと、ものごとに前向きに取り組むことはできませんし、アイデアも生まれません。

もちろん、長期休暇に入る前に、まったく引き継ぎをせず、突然休むというのは周りに迷惑をかけてしまいますから、予め「○日から○日までお休みをいただくので、よろしくお願いします」と一言伝えるのは必要です。でも、必要以上に申し訳なさそうにすることはありません。

誰もがきちんと休みを取り、「お互い様」でカバーし合う。出産や育児、介護などで長期休暇を取る際には、Ｐａｒｔ３で紹介したように「人を育てる」ために活用する。そうすることで、体を壊すことなく、定期的にリフレッシュしてクリエイティブな状態に自分自身を保つことができます。

きちんと休暇が取れているかどうか、長時間労働に陥っていないかどうかは、個々の仕事の進め方が適正かどうかを測るバロメーターにもなります。残業が多い、休めないのは、仕事のやり方の効率が悪いか、与えられている仕事量が多すぎるかのどちらかです。

新しい仕事に向かう理由

●違う環境での新たなチャレンジ

私は2016年末にH&M日本法人の社長を退任しました。それから少し休みを取って、今後のキャリアについてじっくり考える時間を取りました。

子どもが生まれてから、これほど家にいたのは初めてです。子どもの送り迎えで、同級生のほかのパパやママたちに会うのも楽しいですし、遠足などの行事にも全部参加しています。最初は子どもたちも嬉しそうでしたが、2人にとってはこれまで、私が働いていて家にいないのが当たり前だったので、ちょっとうっとうしく感じることもあったようです。

あのままH&Mに留まるという選択肢もあったと思います。H&Mは大好きでしたし、居心地はとても良かった。でも、目標として設定していたパーソナルゴールに照らし合わせると、違う環境で新しいチャレンジをした方がいいと判断しました。私のパーソナルゴールは、人を育てることです。特に、日本の若い女性がもっと、仕事で、社会で、いきいきと活躍できる環境を作りたいと考えています。

日本女性の可能性は無限大

●ワーク・ライフ・インテグレーションのムーブメントを起こそう

日本の女性は、教育水準も高いしバイリンガルの人も多い。仕事をあきらめたりプライベートをあきらめたりすることなく、ワーク・ライフ・インテグレーションを実現して元気に働き続けてほしい。そして、もっと女性のリーダーが増えてほしいのです。H&M日本法人の中では、それを実現するための土台作りができたように思います。

こうした動きを、1社だけのものではなく、社会的なムーブメントにまで広げたいのです。しかしそのためには、私自身がもっと経験や実績を積む必要があると感じています。違う職場でも、こうしたストーリーを広げ、実践したいのです。そうでないと、いくら「こんなやり方があります」と声高に言ったところで「スウェーデンの会社だから実現できるんでしょう」「たまたまうまくいっただけなのでは」「日本の会社では無理だ」ということで、なかなか自社に応用してみようと思ってはもらえません。まずは、私がさまざまな環境でワーク・ライフ・インテグレーションを実践し、浸透させることが必要ではないかと考えています。

私は2017年6月にフランスのラグジュアリーブランド、LVMHファッション・グループ・ジャパンの「ジバンシィ ジャパン」のプレジデント＆CEOに就きました。ファストファッションからラグジュアリーブランドへ環境を移すことは大きな変化ですし、これまでと違って約70ものブランドがある、多様で規模の大きいグループです。社長、役員も多く、学ぶことのできる相手がたくさんいます。新しいチャレンジにわくわくしています。

幼い頃の著者

Part 5

"Up to You"

自分の可能性を信じよう

「できない」は可能性と捉えよう

●まわりのサポートに感謝しよう

もし20代前半の時の私に、その後の私の人生がどうなるか教えても、とても信じなかったと思います。２人の息子を育てながら、仕事を続けることができるなんて、想像もしていませんでした。ましてや社長になるなんて、「やりたい」とも「できる」とも思ったことはありませんでした。

私が幸運だったのは、「サポートするから、やってみたら？」と、後押ししてくれた家族や上司がいたこと、そして、迷ったときにも「彼や彼女のようにやれば、できるかもしれない」と思わせてくれるロールモデルが周りにいたことでした。

お手本となってくれる人たちがいたからこそ、最初は「できるはずがない」と思っていたことも、可能だと信じることができました。

父から、仕事への情熱を持つことの大切さを学んだ

●同性だけがロールモデルではない

私が最初に出会ったロールモデルは、父でした。

父は仕事への情熱にあふれていて、毎日仕事を楽しんでいました。だから私も、「仕事は大変なもの」「つらいもの」という先入観をまったく持つことなく、幼いころから、「仕事は楽しいもの」「仕事は情熱が持てる対象」というイメージを持つことができました。仕事に情熱を持つことの重要さ、そして、情熱を持てることを仕事にすることの大切さは、自然に父から学んでいたように思います。

それから、当時はそんな言葉はまだ生まれていませんでしたが、今思えば父は、ワーク・ライフ・インテグレーションを体現していました。社長でしたが、ほとんど毎晩、夕食には帰宅して、家族と食卓を囲んでいました。そして、仕事であったさまざまなできごとを、私たち家族と共有してくれました。

時には商品やパッケージについて、母や私たちに意見を求めることもありました。父の中で、仕事とプライベートは、切り離せるものではなく、自然に一体となっていたのです。

最初のロールモデルでもある父と

初めて出会った、強く賢い女性リーダー

●プライベートを犠牲にしない生き方

2人目のロールモデルは、H&Mに入社して最初の上司で、レディース部門のトップを務めていた女性でした。彼女は、私と同じ年でしたが、私がH&M本社で研修を受けていたときの直属の上司で、半年ほど一緒に働きました。

当時の私は、スウェーデンでMBAを取ってH&Mに入社したばかり。憧れのH&Mに入ったものの、その後どのように仕事を続けるか、どんなキャリアを築いていきたいか、具体的なイメージがまったく持てないままでした。

私はそれまで日本でしか働いたことがなく、しかも20年以上前ですから、女性でリーダーのポジションにいる人に接することはほとんどありませんでした。彼女は、私が初めて直に接して仕事ぶりや生活ぶりを見た女性リーダーだったのです。「彼女のようになりたい」と思えるロールモデルでした。

彼女は、主張すべきところは冷静かつ論理的にしっかり主張しますが、ファッションセンスにも優れていたし、女性的な面とバランスが取れていました。ワーク・ライフ・インテグレーションも当たり前のように実践していて、結婚し、子どもが生まれてからはもちろん、独身のときにもプライベートを犠牲にすることはありませんでした。「今日はジムに行くから」「習い事がある日だから」と仕事を早く切り上げていました。

その後、たくさんの強くて賢い女性リーダーに出会いましたが、最初に出会ったのが彼女だったので、とても印象に残っています。

「人を育てる」リーダー

●Whatをまずは明確にしよう

３人目が、Ｈ＆Ｍ本社のＣＥＯ、カール・ヨハン・パーソンさんです。

アパレル業界の経験も、リーダーとしての経験もほとんどない私を、Ｈ＆Ｍ日本法人の社長に抜擢してくれました。それだけでなく、初日から１００％の信頼を寄せて仕事を任せながら、しっかりサポートしてくれました。その姿は、私のリーダーシップのロールモデルです。

彼のやり方は、徹底して本人に決めさせるところにあります。日本法人の社長に就いた当初の私は、自分の決断になかなか自信が持てず、細かいことでもつい、パーソンＣＥＯに相談していました。

「現在こんな状況で、だからこうしようと思うのですが、どうでしょうか？」しかし、いつも返ってくるのは、「日本の市場はあなたの方がよく知っているんだから、あなたが決めてください」という言葉。彼が私のかわりに何かを決めることは絶対にありません。

そのかわり、彼には本当にたくさんの「質問」をされました。「今年はどんな結果を出したいの？」「今年フォーカスする２つのことは何？」「それはどうしても今やらなくてはならないことなの？」――。

その質問に答えるうちに、どんどん自分の考えがクリアになり、優先順位がはっきりしてきます。そして、自分で決めることができました。

最初のうち、私はつい、彼との電話では細かいことを報告しようとしていました。Ｗｈａｔ（何を実現したいのか）ではなく、Ｈｏｗ（どのように実現するのか）を説明しようとしてしまうのです。しかしパーソンさんは、こうした質問を投げかけることで、私の意識がＨｏｗばかりに向きかけるのを軌道修正し、Ｗｈａｔを明確にするよう、促してくれます。最終的には、考え方が整理でき、方向性が正しいことを確認できて、自信を持って進めることができるようになります。

相手を信頼することが成長の秘訣

●「任せる」というリーダーシップ

H&Mではスピードを重視していて、資料やメールなどを作る時間がもったいないので、何かあるとすぐに電話で連絡していました。パーソンさんと電話で話した後は、いつもモチベーションが上がり、前向きな気持ちになれました。

それまで私が思い描いていた「リーダー像」は、部下がやっていることすべてを把握し、ほかの人が決められないことを、かわりに決めるというものでした。パーソンさんのリーダーシップは、すべてにおいて、その正反対でした。

自分がすべてを把握するのではなく、任せて決めさせるのは、よほど相手を信頼していないとできることではありません。相手が決めたことが、もし自分が考える「正解」にあてはまらない場合であっても、いったん任せたことは最後まで任せ切る。全面的に信頼し、任せてくれたからこそ、私もそれに応えようと、高いモチベーションを維持しながら頑張ることができたように思います。

部下から何かを相談されたときも、自分が決め、答えを与えてしまう方が簡単です。丁寧に相手の話を聞き、答えを出さずに適切な質問を投げかけ続けるのは、忍耐が求められます。しかし、それでこそ相手は成長することができます。「リーダーの役割は、人を育てること」――。パーソンさんは、それを体現するロールモデルでした。私も、人を育てるリーダーになりたいと強く思うようになりましたし、そのために何をすべきか、道を示してくれた人です。

ロールモデルたちを育てる

●自分の中の「やってみたい」を大切にしよう

こうしたロールモデルがいてくれたからこそ、私はここまでやってこられました。だからこそ私自身も、ロールモデルを作ることを意識してきました。もちろん、私自身が若い人たちのロールモデルになれば、という思いもありますが、それだけではまったく足りません。

例えば、「ワーク・ライフ・インテグレーションでいこう」「80－20でいこう」「長時間労働はやめよう」「しっかり休もう」なども、もちろんトップが言い続けることは大切ですが、それだけでは人は動きません。80－20を実行して優先順位をつけ、やるべきことを絞り込み、残業をせず休暇もしっかり取りながら、成果を上げている人が身近にいれば、「できるかも」「私もやってみよう」と思う人が増えていきます。

最近は「女性活躍推進」がさかんに言われ、管理職への女性登用に注目が集まっていますが、一方でまだまだ、女性の側が管理職になりたがらないことも課題になっています。残念ながらまだ、ワーク・ライフ・インテグレーションを実現し、何かを犠牲にしないでいきいきと働く女性リーダーの数が、圧倒的に少ないことも原因の1つでしょう。女性たちが「私もこうなりたい」と思えるロールモデルの数もバリエーションも、まだまだ少ないのです。

「私にもできる！」の「ドミノ効果」を作ろう

●一番大切なのは意識と自信

Ｈ＆Ｍ日本法人では、従業員の72％を女性が占めていて、そのうち52％が管理職に就いています。ワーキングマザーのマネージャーも少しずつ増えています。１人や２人だと、まだ孤独でつらいかもしれませんが、４、５人になるとネットワークができてきます。お互いにノウハウを共有し、励まし合って助け合うことができるようになる。後に続く後輩たちのために、どんな環境や制度が必要か、考えてアイデアを出し合ってくれるようにもなります。

多くの女性従業員はまだ、責任あるポストに就いてはどうかと声をかけても、「私にはムリです」「まだ早い」と言って辞退しようとします。しかし、身近にワーキングマザーのマネージャーがいると、「もしかしたら私にもできるかもしれない」と思えるようになります。こうしたロールモデルが生まれ始めています。

独身の人も、子どもがいる人もいない人も、介護や病気などさまざまな事情を抱えている人も、誰もがワーク・ライフ・インテグレーションをしながら、自分が求めるキャリアを作ってほしい。もちろん、夫や家族のサポートや保育園の整備なども大切ですが、一番重要なのは本人の意識と自信です。誰もが日々、大きな不安を抱えながら仕事をしています。最初は周りにいるロールモデルを道しるべに、「あんなふうにやれば、私もできるかもしれない」と自分を鼓舞しながら、一歩一歩進んでいく。でもいずれ、そんな彼女自身・彼自身が、本人も気付かないうちに、誰かのロールモデルになっていきます。こうして、ロールモデルの「ドミノ効果」が生まれます。

日本は今、大きく変わる瞬間

●変化の波に飛び乗ろう

働く環境や生活環境、人びとの考え方を、急にがらりと変えることは本当に難しい。時間はかかります。でも、こうして少しずつロールモデルを増やしていけば、大きな力になります。

今、日本は大きく変わる瞬間にあると感じています。「少子高齢化で、労働人口が減少するから、女性や高齢者、障がい者などを活用しないと社会が立ち行かなくなる」という企業側の論理もあります。理由はどうあれ、本気で変わろうとしている企業が増えているのは確かです。特に女性活用について、企業はかつてないほどに積極的になってきています。この波に乗らない手はありません。

今でこそ、８割以上の女性が働き、閣僚の半分以上が女性というスウェーデンですが、昔からこうだったわけではありません。１９６０年代は、今の日本と同じような状況にあり、子どもがいる女性が働き続けることはとても大変で、数も少なかった。しかし70年代に政府や企業などがさまざまな対策を打ち、社会全体が大きく変わったのです。

今の日本はまさに、同じような状況にあります。私たちはちょうど、社会が変わろうとしている瞬間にいるのです。

グローバルな視点から見ても、日本の女性はとても優秀です。もっと自信を持っていい。私がＨ＆Ｍ日本法人にいたときも、日本で採用した女性が、スウェーデンの本社や他国で活躍している例をたくさん見ています。

日本人の、特に女性は、いくら優秀な人でもとても謙虚で、自分から手を挙げて「やります」と言うことに慣れていません。自分に対する要求水準も高く、せっかく声がかかっても「まだ私の能力・経験では足りないところがたくさんあるから無理」と尻込みしてしまう人もとても多い。ただ、あまり考えすぎないで、自分に対するハードルを少しだけ下げて、飛び込んでみてほしいと思います。

未来は自分で変えられる

●毎日をハッピーに過ごそう！

私も、挑戦を続けていきます。同じ環境に留まることは、安心できるし楽しいけれど、私にはまだまだ学びたいこと、やりたいこともたくさんあります。そうして、日本のみなさんと、ロールモデルのドミノ効果を広げていきたいのです。

10年以上前、結婚して夫とともにスウェーデンに渡りました。スウェーデンでの生活はとても楽しかったし、充実していたけれど、夫も私もいつかは日本に帰りたいという思いを持っていました。日本に戻り、私たちを育ててくれた日本に恩返しをしたいと思っていたからです。

スウェーデンや香港での生活のあと、東京に戻ってきて地下鉄に乗ると、いつも心が痛みました。静かな満員電車の中でみんなうつむいて、疲れた表情をしていたからです。

一生懸命に働くのはいいことだけれど、疲れ切って笑顔をなくしてしまうのは、とても良いやり方とは思えません。疲れるまで働くのではなく、違うやり方がある。それをもっと多くの人に知ってもらい、ハッピーに生活してほしいと願っています。少しでも、私にそのお手伝いができればと思います。

Interview

本書の最後に、
著者の夫であるジェスパー・エドマン氏に
日本の女性が働く環境や、家庭内での役割分担についての
お話をうかがいました。

ジェスパー・エドマン氏
早稲田大学 商学部 准教授

ストックホルム生まれ、東京育ち。ストックホルム商科大学Ph.D.（国際ビジネス）。ドイツ証券、ストックホルム商科大学欧州日本研究所研究員、同研究所東京事務所ディレクターを経て、2011年一橋大学大学院国際企業戦略研究科講師、2018年から現職。主な研究テーマは日本におけるグローバリゼーション、日系企業のグローバル戦略と組織戦略。現在は特にグローバル人材育成やダイバーシティ戦略に集中して研究している。

――働く女性の環境について、今の日本はスウェーデンの1970年代ごろの状況に似ていると言われます。スウェーデンは当時、どのように女性の働く環境が整備されたのでしょうか？

ジェスパーさん　スウェーデンは、1960年代ごろからフェミニズムや男女平等の議論が盛んに行われていて、それを受ける形で政治主導の下に女性の働く環境が整備されました。民間よりも、公共部門で女性を登用する動きが進みました。

現在、スウェーデンでは女性の8割以上が働いていますし、公共部門ではマネジメント層でも女性の割合が高いですが、民間では役員レベルになると、アメリカなどに比べて女性の割合はまだ低いです。

――経済的な理由ではなく、社会正義が大きな力となって変化したんですね。

ジェスパーさん　そこは日本と違うところですね。日本の場合は、働く女性についての議論でフェミニズムや男女平等はあまり話題にのぼりません。それよりも、少子高齢化による労働人口の減少で、労働力としての女性が求められるようになった、などの経済的なプレッシャーの方が強いように思います。考え方やロジックがまったく違いますね。

――保育施設や介護施設など、女性の働

く環境を整備するにはお金もかかります。スウェーデンでは、そうしたインフラの整備はスムーズに行われたのでしょうか？

ジェスパーさん　スウェーデンはもともと税金が高く、ずっと前からそうしたインフラへの投資は行われてきました。それに、これは時代的な背景もあるのかもしれませんが、もともとスウェーデンは、社会主義的な考え方が支持されていて、政府が主導し、税金を使って人びとのために社会を変えるのは当たり前という空気だったようです。

——しかし、例えば「男性も育児休暇を取る」となると、制度だけでなく、人びとの考え方を大きく変える必要があります。日本でも、制度としては取り入れる企業が増えてきましたが、実際に取っている男性はまだ少ない。親世代や上司世代の抵抗も大きいです。

ジェスパーさん　クリスティンの父は育児休暇を少し取ったようですが、僕の父は取っていません。当時はそれが当たり前でした。しかし僕の世代だと、男性が育児休暇を取らないと、すごく良くないことのように言われます。

スウェーデンは、世代によって考え方が大きく違っていて、上の世代の考え方はそれほど下の世代に影響しないように思います。大人になると親と一緒に住んだりしないし、結婚すると自分の家族が中心になるので、親世代の考え方が、自分たちの家庭の運営の仕方に影響することはあまりありません。職場でも家庭でも、僕たち世代が育児休暇を取ることに、そういう制度や習慣のなかった親世代が反発する、ということはありません。

――スウェーデンの若者は、いくつくらいで親元を離れるのですか？

ジェスパーさん　僕が学生のころは、大学に行くとほとんどが一人暮らしをしていました。たとえ親の家と大学が近くてもそうです。大学の学費や生活費は、安い金利で借りることができ、大学を卒業して働いて、仕事を引退するまでに返済すればいいことになっていましたから、そのおかげもあるでしょう。税金は高いですが、個人の自立性はとても高いんです。

――男性が育児休暇を取るのは当たり前になっているとはいえ、ジェスパーさんの場合は最初のお子さんが生まれたばかりで、クリスティンさんの仕事の都合で香港に行くことになりました。

ジェスパーさん　どんなに「男女平等を」と言っても、妻と夫、それぞれの仕事の状況によっては、どちらかが育児をメインで担わざるをえなくなることはありません。特に子どもが小さいうちはそうですね。私たちの場合は、当時僕が大学院で研究をしていて、比較的融通が利いたため、一緒に香港に行くことができました。研究はどこにいてもできますし、大学の人たちも理解がありましたから。

私たちは2人で話し合って行くことに決めましたが、もしもあの時「やっぱり私は無理です」と香港行きを断ったとしても、クリスティンのキャリアにマイナスにはならなかったと思います。H&Mに限らず、スウェーデンの企業はどこでもそう。転勤は、「行くと勉強になるよ。でも家族とも相談して、最終的に『行きたくない』ということならそれでも大丈夫。ほかのポストを探しましょう」ということになります。スウェーデンは昔から、労働組合が非常に強く、転勤する・しないは、働く人個人が決めることになっています。会社に言われても「断ると干されるから断れない」ということはありえない。

それに、上司の方も共働きのことが多いので、転勤で悩む部下の立場は理解されやすいかもしれませんね。男性も育児休暇を取っていて、子育ての大変さも理解していますから、小さい子どもを連れての海外転勤の大変さは想像ができるでしょうし。

——最初にクリスティンさんが、日本法

人の社長就任を打診されたとき、すぐにジェスパーさんに相談されたそうですね。その時のことは覚えていますか？

ジェスパーさん　よく覚えています。彼女はスウェーデンで採用されて、香港に転勤し、それから日本にもよく派遣されていたので、実は僕は「もしかして……」と思っていました。だから驚かなかった。でも一方で、「本当に彼女にチャンスをくれるなんて、すごい！」と驚いてもいました。彼女も僕も、いつか日本に戻って仕事をしたいと思っていたので、このタイミングでこんな素晴らしいチャンスをもらえるなんて、とびっくりしました。

クリスティンのキャリアを考えても、本当に嬉しかったです。

——でも、上のお子さんも小さく、クリスティンさんも社長業で忙しいとなると、大変です。

ジェスパーさん　そうですよね……。どれくらい大変になるか、全然わかってなかったからできたのかもしれないです。でも、こんなチャンス、人生でそう何度もあるわけではない。チャンスがあるならつかまないと。その時は、「子どもが小さいから断ろう」だなんて、思いもしませんでした。

――とはいえ実際、やってみると大変だったのでは？

ジェスパーさん　そうですね。もちろん大変でしたが、それはクリスティンが社長になったから、というわけではありませんでした。

「親になる」というのは、人生の中で一番大きくて難しい転機ですし、私たちだけでなくどんな夫婦にとっても、お互いの仕事と子育てのバランスを取るのは大変なことです。２人とも子育ては初めてですし、マニュアルなんてないので、２人で一緒にやり方を考えていかなくてはならない。お互いを信頼し合い、どちらか１人が全部の仕事をやるのではなく、任せ、任され、分担することが本当に大切です。

どれだけ頑張っても、夜眠れなかったり、ストレスに押しつぶされそうになったり、誤解が生まれてけんかをしたりということは避けられません。その時その時は本当に大変ですが、長い目で見ると、夫婦としての絆を強くし、人間として成長するために必要なステップだったように思います。

――子供を育てるにあたりコツなどはありますか？

ジェスパーさん　よく言われることかもしれませんが、コミュニケーションだと思います。思っていることをちゃんと伝え、相手の話をよく聞く。私たちの場合は、一つひとつの仕事について、どちらがやるか、はっきり分担を決めました。その方が、お互いの仕事量のバランスを取りやすいし、計画的にものごとを進めやすいので。

時間の管理は本当に重要です。常に優先順位を考えないと、限られた時間をうまく使うことはできません。例えば、前は少し時間があれば友達と飲みに行ったりジムで体を動かしたりしていたけれど、今は子どもたちと遊んだり家事をしたりします。だからといって、いつもすべてを犠牲にして、子どものために時間を作っているというわけでもありません。なかなか難しいですが、できるだけ自分の時間も作るようにもしています。

――お子さんが小さいときに、クリスティンさんが仕事で海外出張をされることもあったそうですね。

ジェスパーさん　1週間程度のヨーロッパへの出張は、よくありました。最初は僕自身も不安でしたが、クリスティンの方が僕よりも不安だったと思います。出張に行く前、彼女が食事を用意してくれたり、家の中のどこに何があるかを僕に教えてくれたので、僕も準備をすることができました。また、僕の母も手伝ってくれたので、時々家で仕事をすることもできましたし、一息ついたりもできました。

それに、息子たちと僕だけで過ごす時間も大切です。こうした機会に「僕のやり方」を作ることも必要です。

息子たちの父親でいることは本当に楽しいし、親としての自信につながるような気がします。

――家でも仕事の話をよくされるそうですね。

ジェスパーさん　僕の研究対象は、日本の外資系企業や、日本企業の国際化なので、彼女の仕事と非常に近いんです。僕が理論をやっていて、彼女が実践をやっている。彼女も仕事の話をするし、僕も大学の悩みや研究のアイデアなどを彼女に相談しています。

また、僕は大学で教えているので、今の日本の学生たちの考え方に触れていて、クリスティンは職場で若者に接しています。僕もクリスティンも、日本の若者に、より自信を持ち、グローバルな視点を身に付けてほしいと思っているので、よくそういった話をしたりもしています。

とはいえ、実際は僕とクリスティンの会話のほとんどは子どものことですね。会話の7割くらいは、「今日は誰が弁当を作るのか」「今週はいつがサッカーの練習日なのか」「誰が迎えに行くのか」といった話です。

――夫婦の役割分担は？

ジェスパーさん　結婚当初から、どちらが何をやるかを話し合っていましたし、自然に、お互いが得意とすることを活かして役割分担をするようになりました。僕の専門は経済なので、お金のことは僕が担当しています。クリスティンは超計画的だし、一度にいろんなことを並行してやるマルチタスクが得意なので、旅行や外出などの家族イベント、子どもたちの習い事などの計画や予定管理を担当しています。

日々の料理や洗濯、掃除などの家事は2人でやっていて、特にけんかになったりすることもありません。何をやらなくてはいけないか、ほぼ毎日話し合っていて、どちらか時間がある方がやったり、2人で一緒にやったりしています。僕はスウェーデン生活の影響を大きく受けていて、「家事は夫婦2人でやるのが当たり前」という考えが染みついています。

――育児についてはどうですか？

ジェスパーさん　子どもが生まれる前、家事の分担ができていたので、子育てについても2人で分担するのは当たり前という感じでした。

単純に、スケジュールや効率の問題で決まることもあります。例えば、僕の方が仕事をする時間や場所の融通が利くので、子どもたちの送り迎えや、病気のときに病院に連れて行くのは僕が多いです。お風呂に入れたり、寝かしつけたりするのはクリスティン。彼女にとって、1日の終わりに子どもたちと過ごす大切な時間みたいです。朝は、僕が朝食を作っている間にクリスティンが子どものお弁当を作ります。

クリスティンにとって一番大変だったのは、一般的に「お母さんの仕事」とされているような役割を手放すことだったと思います。学校に提出する「緊急連絡先」のリストの1番目から、自分の電話番号を外すのをよしとするまでにはすごく時間がかかったし、子どもが病気のときに病院に連れて行くのが自分ではないことは、なかなか受け入れられなかったようです。「母親失格」みたいに思えてしまっていたんじゃないかな。

――子どもたちの役割は決まっていますか？

ジェスパーさん　犬にえさをあげることや、部屋の片付け、自分の食器を出したり片付けたりといったことくらい。その辺は不十分です。本当は子どものためにも、もっと役割を持たせないといけないんだけど、忙しいとつい、大人がやってしまうんですよね。

――どこの家庭も同じですね。子どもたちはお父さんお母さんたちをどう見ていると思いますか？

ジェスパーさん　うーん。難しいですね。どう思っているかな。週末は一緒に遊んでくれるけど、平日は仕事で忙しい、かな。夫婦で仲がいいとは思っているんじゃないかと思います。子どもたちの前ではけんかをしないようにしています。ちょっとでもけんかをしているところを見られると、子どもたちに怒られるので。

――夫婦でけんかをしたときは、どうやって解決しますか？

ジェスパーさん　コミュニケーションって、本当に難しい。けんかをしている最中は、「相手は僕を怒らせるために、わざとやっているんじゃないか」と思ってしまうけど、実はそうではなく、ほとんどが誤解やミスコミュニケーションが原因です。

あとは、自分が思っていることをちゃんと言葉にして言うようにしています。言葉にしないと、お互いが考えていることは相手に伝わりませんから。

――時間管理で気を付けていることや、これから変えたいと思っていることはありますか？

ジェスパーさん　仕事の時間を減らして、家族の時間を増やしたいですね。長男が12歳になったのですが、ティーンエイジャーになると特に、家族で一緒に過ごすことは重要だと思います。12歳ということは、親と一緒に過ごす時間の半分を過ぎている。そう考えると、寂しくなります。

ただ、時間管理は本当に難しいです。僕も彼女も仕事が好きですから、もし子どもがいなければ週末も仕事をしているでしょう。できるかぎり、土日は仕事をしないようにしています。

あと、家族で一緒に何かをするよう、努力しています。例えば、家族で一緒にパズルをするとか。やり始めるとおもしろいんだけど、最初は僕も含めて、誰もやりたくないんです。「疲れているから、ビデオや映画でも見よう」となってしまう。こうした最初の壁を越えるには、ちょっとした努力が必要です。

――夫婦だけの時間は、持つようにしていますか？

ジェスパーさん　定期的に、お互いのキャリアについて話したりする機会を持つようにしたいのですが、なかなか難しいです。金曜日の夜はできるだけデートをするようにしていますが、毎週は難しくて、2週間に一回くらいかな。週末は、子どもたちがサッカーの練習に行っている間などの、ちょっとの時間でも、話をするようにしています。日曜日の夜は、子どもたちが寝た後に、2人で映画を見たりしています。

――子どもたちに「こうなってほしい」という希望などはありますか？

ジェスパーさん　ハッピーに人生を歩んでほしいということくらいかな。ただ最近は、忍耐強さを身に付けてほしいと思っています。大変なことがあっても、すぐにあきらめるのではなく、ちゃんと頑張れる力を持ってほしい。

もう1つは、自分のアイデンティティーをしっかり考えてほしいです。子どもたちは半分スウェーデン人、4分の1アメリカ人、4分の1日本人です。お父さんの僕は、スウェーデン人といっても日本で育ったので、典型的なスウェーデン人とは違う。家ではスウェーデン語を話すこともあるけど、子どもたちが一番堪能なのは英語です。でも、アメリカ人でもないし日本人でもない。それが彼らの将来にとってチャレンジになるのか強みになるのか。多分両方になるのでしょうが。

――日本の働く女性をご覧になって、どのように感じられますか？

ジェスパーさん　日本の女性は能力もあ

るし、もっと環境が整えばさまざまな場所でさらに活躍できると思います。でも、それを変えるためには、やはり女性だけでなく、働く人すべての仕事のやり方を変える必要があると思います。残業が多いと、プライベートとの両立は本当に難しい。男性だって、本当は残業はしたくないはずです。仕事のやり方を変え、男性も女性も早く家に帰れるようになるといいと思います。

もう1つ、日本の広告などを見ると驚くことがあるのですが、描かれる女性は、セクシーさを強調したような表現や、かわいらしさを前面に出したものが本当に多い。もちろん、個人でそうした態度を取りたい人は、自分でそうすればいいのですが、企業がこうしたイメージを使ってものを売ろうとしたりするのはよくないと思います。特に小さな女の子や若い女性が見ると「女性はこうあるべきなんだ」と思ってしまいます。

そうした表現を変えると、女性へのイメージも変わり、女性・男性の役割に対する考え方も変わってくるのではないかと思います。

エピローグ

スウェーデンの大手カジュアル衣料専門店、H&Mの日本法人を離れ、フランス系ラグジュアリーブランド、LVMHファッション・グループ・ジャパン「ジバンシィジャパン」に移ってから、1年以上が経ちました。

今の私の一番大きなチャレンジも、相変わらず80―20です。新しい環境に飛び込むと、とにかくいろいろなことをやってみたくなって欲張りになります。特に私はせっかちなので、あれもこれもすぐにやりたい。でも、それはどう考えても無理なので、特に重要なもの、全体の80%の成果につながりそうな20%に絞り込んで取り組まないといけません。80―20は、私にとっても永遠の課題です。

さらに、海外出張が増えたので、「母」としての80―20も、大きなチャレンジです。2週間程度の出張が多いので、週末まるまる2回分家にいられないこともあります。子どもも大きくなってきて、世話をするための「手」が必要な時期は過ぎてきましたが、だからこそ余計に、2人の息子それぞれにとって何が重要なのかを考えて、私の役割を見直さなくてはならないと感じています。例えば、8歳の下の息子は今、サッカーに夢中です。毎週日曜日のサッカーの試合に付き合うことはとても重要。1日中なので大変ですが、外でほかのお父さんやお母さんたちと一緒になって子どもを応援するのは、私にとってもストレス解消になります。

上の息子は12歳になり、思春期に突入しています。彼の場合は、下の息子のように、「この行事に行けば大丈夫」といった決まったものがなくなってきていて、神経を使います。

心掛けているのは、「ちゃんとママが家にいる時間を作る」ことです。学校の行事に出席する、どこかに一緒に出かけるイベントを作る、ということではなく、例えば「土曜日の午後、私が家にいるようにする」というものです。

夕食時に「今日学校で何があったの？」と聞いたらなんでも話してくれる、という時期は過ぎてしまったようで、いつ彼の方から話しかけてくるかわかりません。「ママは土曜日の午後、家にいる」という安心感を与えることが、大事なのではないかと思うようになりました。下の息子が寝た後も、貴重な時間です。上の息子が寝るまでの、わずか1時間ほどですが、一緒にトランプをしたり、映画を見たり、同じ部屋で別々に本を読んだり。そういった時に、自分が思っていることや、学校であったことなどを話しかけてくることがあります。

また、携帯電話を持つようになったので、学校の登下校途中の電車の中などで、メッセージをやりとりしたりもします。コミュニケーションの取り方や、親との関係性が、変わってきたと感じます。

最初に、「本を書きませんか」というお話をいただいたときには、「果たして私の経験が、本に書くほどのものだろうか」と思いました。それに、自分の経験や思いを文章にするのは、少し恥ずかしいという気持ちもありました。今でも恥ずかしいという気持ちはあります。

でも、私自身も最初は「仕事とプライベートの両立なんて無理だ」と思っていたのが、大きく考え方を変えることになった。その経験が、少しでもほかの人の役に立つならば、と思うようになりました。最近は、政府が「女性活躍」を打ち出していて、産休や育休、保育園など、制度についての議論はたくさん行われています。しかしその一方で、制度以外の重要な部分、「女性が自信を持つこと」については、あまり議論されていないように思います。

仕事とプライベートの両立は、「自分とは違う世界に住んでいる、特別なスーパーウーマンにしかできないこと」ではありません。実現するかどうかはあなた次第、"Up to you"だというメッセージを、もっと多くの人に伝えたいと思ったのです。

それに、編集者の雨宮さんが私のストーリーに共感して「これを本にしたい」とアイデアをまとめ、出版社の上司に「やりたい」という気持ちを伝えて実現したのがこの本です。彼女が踏み出した一歩も、まさに私が伝えたかった“Up to you”のメッセージを、体現してくれていると感じました。

仕事と家庭を両立しようとする女性、責任ある仕事にチャレンジする女性は、増えているように感じます。意識は変わってきていますが、まだまだ少ない。それは日本だけでなく、世界中の課題だと思います。

1つには、先ほども書いた通り、女性の意識を変えていくことがあります。そしてもう1つは、彼女たちをサポートする環境作りです。躊躇する女性に対して「それでもやってごらん」と、挑戦を促し、育成しようとするマネージャーが必要です。その両方が不可欠だと感じています。しかし、こうした話をすると必ず「日本の会社では無理」「小さい会社では、躊躇する女性に責任のある仕事を任せて、周りでサポートするような余裕はない」「失敗させて育てる余裕がない」と言われます。本当は、決してそんなことはありません。

これだけグローバル化が言われている時代に、「日本の会社だから」というのは、できない理由にはなりえません。また、「余裕のあるなし」の問題でもありません。今どき、お金や人が有り余っている企業なんてありませんから。それに80―20は、限られた人員やリソースの中でこそ活きる考え方です。むしろ、できない理由を挙げることで、思考停止に陥る方が危険なのではないかと思います。

私のキャリアも子育て・プライベートも、まだまだ先が長く、これからやりたいこと、チャレンジしたいこともたくさんあります。それでもこのタイミングで、本を書くという形で自分自身を振り返る機会をいただいたことは、本当にラッキーだったと思います。最後になりますが、本書を刊行するにあたり助けてくださった日本経済新聞出版社の雨宮百子さん、赤木裕介さん、ライターの大井明子さんには、大変感謝をしています。

ありがとうございました。

２０１９年３月　クリスティン・エドマン

クリスティン・エドマン
Christine Edman

1975年、日本人とアメリカ人のハーフとして生まれ、東京で育つ。97年、マテル・インターナショナルに入社、2000年に株式会社アントステラへ転職。結婚を機にスウェーデンに移住し、05年にストックホルムでMBAを取得。卒業式で新聞社の取材に対し「H&Mを日本にオープンさせたい」と答えた記事が、H&Mの目に留まったことをきっかけにH&M本社に入社。2007年からのアジア進出に伴い、香港でエリア・マネージャーを経験した後、H&Mジャパンの立ち上げから2016年まで代表取締役を務めた。2017年、LVMHファッション・グループ・ジャパンの「ジバンシィ ジャパン」プレジデント&CEOに就任。二児の母としてもワークライフバランス、フラットな組織や人材育成にも力を入れ、日本女性の社会進出を支援する活動に積極的に取り組んでいる。

Up to You アップ・トゥ・ユー

「よくばりに生きる」ためのキャリア戦略

2019年3月6日　1版1刷

著者　クリスティン・エドマン

発行者　金子豊
発行所　日本経済新聞出版社
東京都千代田区大手町1-3-7　〒100-8066
電話（03）3270-0251（代）
https://www.nikkeibook.com/

印刷・製本　三松堂
デザイン　漆原悠一　梅崎彩世（tento）

ISBN978-4-532-32172-7
Printed in Japan